Vorbereitung
auf die Abschlußprüfung

Wirtschafts- und Sozialkunde

Für gewerblich/technische Berufe

179 programmierte (gebundene) Aufgaben
95 ungebundene (konventionelle) Aufgaben
mit Kompaktwissen der Prüfungsinhalte

von

Bertram Müller

5., durchgesehene Auflage

Gehlen

2000
Verlag Gehlen · Bad Homburg vor der Höhe
Normtestbroschüre 91418

... weil auf Papier aus 100 % chlorfrei gebleichtem Zellstoff gedruckt.

ISBN 3-441-**91418**-X

Herstellung: Media-Print taunusdruck · Bad Homburg vor der Höhe

Inhaltsverzeichnis

Seite

Kompaktwissen

Seite

Seite

Seite

Lösungen

Anhang

Vorwort

Dieser Band soll Ihnen zu einem erfolgreichen Abschluß in dem Prüfungsfach „Wirtschafts- und Sozialkunde“ für gewerblich/technische Berufe verhelfen. Die Prüfungsanforderungen des Faches sind für die folgenden neugeordneten Ausbildungsberufe einheitlich durch die Prüfungs-, Aufgaben- und Lehrmittelentwicklungsstelle (PAL) vorgegeben.

Industrielle Metallberufe	**Industrielle Elektroberufe**	**Naturwissenschaftliche Berufe**
Industriemechaniker	Elektromaschinenmonteur	Biologielaborant
Werkzeugmechaniker	Energieelektroniker	Chemielaborant
Zerspanungsmechaniker	Industrieelektroniker	Lacklaborant
Konstruktionsmechaniker	Kommunikationselektroniker	Chemikant
Anlagenmechaniker		Pharmakant
Automobilmechaniker		

Mit dem Beschluß der Kultusministerkonferenz (KMK) vom 18. Mai 1984 sind die Ausbildungsinhalte und Prüfungsanforderungen für Wirtschafts- und Sozialkunde auch als Elemente für das Fach Wirtschaftslehre des Berufsschulunterrichts zu berücksichtigen. Die inhaltliche Einteilung des Bandes orientiert sich eng an den Vorgaben von PAL und den ergänzenden Unterrichtsvorgaben für die Berufsschule aufgrund des KMK-Beschlusses.

Wie können Sie nun mit diesem Vorbereitungsband effektiv arbeiten? Dazu sind die Prüfungsinhalte in acht Lernabschnitte gegliedert. Ihre Gewichtungen in der IHK-Prüfung (insgesamt 36 Aufgaben, siehe auch Anhang) sind:

1. Berufsausbildung	3 Aufgaben
2. Betriebswirtschaft	7 Aufgaben
3. Interessenvereinigungen in der Wirtschaft	3 Aufgaben
4. Arbeitsrecht	5 Aufgaben
5. Tarifrecht	4 Aufgaben
6. Mitbestimmung	6 Aufgaben
7. Sozialversicherungen	7 Aufgaben
8. Arbeits- und Sozialgerichtsbarkeit	1 Aufgabe

Jeder Lernabschnitt besteht aus einem Aufgabenteil und einem dazugehörenden Textteil (Kompaktwissen). Der Aufgabenteil gliedert sich in drei Elemente:

- **Verweis**
  Hier stehen Hinweise zu den Seitenzahlen im Kompendium, auf denen die Inhalte der entsprechenden Aufgaben behandelt werden.
- **Programmierte (gebundene) Aufgaben**
  Sie sind strukturiert wie die PAL-Aufgaben. Bei diesen Aufgaben sind nur eine von fünf vorgegebenen Antworten richtig. In das Lösungskästchen neben der Aufgabe wird die entsprechende Ziffer der richtigen Antwort eingetragen.
- **Ungebundene (konventionelle) Aufgaben**
  Hier sind andere Auswahlstrukturen (z. B. Lückentext oder Zuordnungsaufgaben) gewählt worden. Diese Aufgaben entsprechen daher nicht genauestens dem neuen Aufgabentyp in der Abschlußprüfung. Ihre Bearbeitung ist aber eine gute Vorbereitung für die freie Bearbeitung der ungebundenen Aufgaben in der Prüfung.

Der Kompaktwissenteil enthält in knapper und übersichtlicher Form die Prüfungsinhalte des Faches „Wirtschafts- und Sozialkunde".

Zur Überprüfung Ihres Wissensstandes sollten Sie zunächst die Aufgaben beantworten. Danach können Sie mit Hilfe der Lösungen am Ende des Bandes feststellen, ob Ihre Anworten richtig sind. Haben Sie eine Aufgabe falsch beantwortet, sollten Sie im Kompaktwissenteil nachlesen. Zu jeder Aufgabe finden Sie am Anfang des Aufgabenblocks einen Verweis auf die zutreffende Seite. Nach der Bearbeitung der entsprechenden Lerninhalte sollte Ihnen eine korrekte Lösung der Aufgabe keine Schwierigkeiten bereiten. Mit dieser Vorgehensweise können Sie gezielt Wissenslücken schließen und sich optimal auf die Prüfung vorbereiten.

Und noch einen Hinweis für Lehrerinnen und Lehrer: Für den Einsatz im Fach Wirtschafts- und Betriebslehre an der Berufsschule bietet sich der Band für die Vor- und Nachbereitung der ergänzenden Inhalte nach dem KMK-Beschluß an. Die Aufgabenkataloge lassen sich darüber hinaus, bedingt durch die enge thematische Einteilung, gut für die Erstellung von Klassenarbeitssätzen nutzen.

Für Anregungen und Verbesserungsvorschläge sind wir jederzeit dankbar.

Wir wünschen Ihnen viel Erfolg bei Ihrer Arbeit!

1 Berufsausbildung

Verweis

Programmierte (gebundene) Aufgaben

1 01 **Welche Aussage über das „Duale System“ ist richtig?**

1 Im „Dualen System“ gelten nebeneinander die Bundesgesetze, Landesgesetze und Rechtsvorschriften der Kammern.
2 Chemisch-technische Assistenten werden im Betrieb und in der Schule ausgebildet.
3 Der Betrieb hat die Aufgabe der praktischen Vermittlung von Fertigkeiten und der Verbesserung der Allgemeinbildung.
4 Das Ausbildungsberufsbild wird vom Bundesminister für Bildung und Wissenschaft entwickelt.
5 Die Bundesregierung erläßt die Rahmenlehrpläne für die Berufsschulen.

☐

1 02 **Was versteht man unter der „zuständigen Stelle“ für die Ausbildung?**

1 Die Berufsschule
2 Den Betrieb
3 Den Regierungspräsidenten des Bezirks
4 Die Industrie- und Handelskammer
5 Das Arbeitsamt

☐

1 03 **In welchem Gesetz oder welcher rechtlichen Vereinbarung sind die wichtigsten Grundlagen der Ausbildung niedergeschrieben?**

1 Im Berufsbildungsförderungsgesetz
2 Im Tarifvertrag
3 Im Berufsbildungsgesetz
4 Im Grundgesetz
5 Im Betriebsverfassungsgesetz

☐

1 04 **Die Betriebe dürfen nur in anerkannten Ausbildungsberufen ausbilden. Welche Aussage ist dazu richtig?**

1 Das Ausbildungsberufsbild wird von der Industrie- und Handelskammer entworfen.
2 Die Anerkennung des Ausbildungsberufsbildes erfolgt durch den Bundesminister für Wirtschaft.
3 An der Entwicklung des Ausbildungsberufsbildes sind nur die Arbeitgeberverbände beteiligt.
4 Es gibt 210 anerkannte Ausbildungsberufe.
5 Der Betrieb kann das Ausbildungsberufsbild nach seinen Wünschen verändern.

1 05 **Warum wird eine Ausbildung für das Arbeitsleben immer wichtiger?**

1 Weil man nur mit einer abgeschlossenen Ausbildung Arbeitslosengeld beziehen kann.
2 Der berufliche Aufstieg ist unabhängig von der Ausbildung.
3 Weil ausgebildete Fachkräfte auf dem Arbeitsmarkt bessere Vermittlungschancen haben.
4 Als Student wird man nur zu einer Fachhochschule zugelassen, wenn vorher eine Ausbildung abgeschlossen wurde.
5 Auszubildende haben einen höheren Verdienst als ungelernte Arbeiter.

1 06 **In welchem der genannten Fälle ist eine Fort- oder Weiterbildungsmöglichkeit nicht gegeben?**

1 Ein Schüler mit Abitur bewirbt sich für die Fachrichtung Maschinenbau an einer Technischen Hochschule.
2 Herr Klein hat den Sekundarabschluß I mit Fachoberschulreife. Nach seiner Ausbildung als Dreher will er sich für die Fachoberschule Klasse 12 bewerben.
3 Herr Groß, ausgelernter Dreher, möchte einen Volkshochschulkursus zur CNC-Technik besuchen.
4 Ein Geselle mit dreijähriger Berufspraxis als Energieelektroniker meldet sich für den Meisterkurs an.
5 Nach dem Abitur möchte sich Herr Wenig zum Elektrotechniker an einer Fachschule ausbilden lassen.

1 07 **Was muß in einem Ausbildungsvertrag nicht enthalten sein?**

1 Die Angabe über die Anzahl der Urlaubstage
2 Die Voraussetzungen für die Kündigungsmöglichkeiten
3 Die Dauer der Probezeit
4 Die Angabe über den Prüfungstermin
5 Die Ausbildungsmaßnahmen außerhalb des Ausbildungsbetriebes

1 08 **Welche Aussage zum Ausbildungsvertrag ist richtig?**

1 Auch bei einem erwachsenen Bewerber um einen Ausbildungsplatz müssen die Erziehungsberechtigten den Ausbildungsvertrag mit unterschreiben.
2 Der Ausbildungsvertrag muß spätestens vor Beginn der Ausbildung abgeschlossen werden.
3 Der Ausbildungsvertrag kann mündlich oder schriftlich abgeschlossen werden.
4 Über die Ausbildungsdauer hinausgehende Angaben sind rechtswirksam.
5 Der Ausbildungsvertrag muß auch von dem Betriebsrat unterschrieben werden.

1 09 **Kennzeichnen Sie den Fall, bei dem ein Verstoß gegen das Berufsbildungsgesetz vorliegt.**

1 Ein Auszubildender wird zur Einübung bestimmter Arbeitstechniken für ein paar Tage in eine Akkordgruppe am Fließband eingesetzt.

2 Frau Schmidt wird in der Probezeit für sechs Wochen krank. Der Ausbildungsbetrieb verlängert daraufhin die Probezeit von drei Monaten um die sechs Wochen.

3 Alle Auszubildenden erhalten 30 Tage Jahreserholungsurlaub.

4 Nach zweimaligem Nichtbestehen der Abschlußprüfung wird ohne Grund der dritte Antrag auf Zulassung zur Prüfung abgelehnt.

5 Der Betrieb besteht bei einem jugendlichen Auszubildenden auf einer ärztlichen Eignungsuntersuchung.

☐

1 10 **In welchem Fall liegt <u>kein</u> Verstoß gegen die gesetzlichen Verpflichtungen aus dem Ausbildungsvertrag vor?**

1 Der Betrieb läßt die erste ärztliche Eignungsuntersuchung des jugendlichen Auszubildenden zwei Jahre nach Ausbildungsbeginn durchführen.

2 Der Auszubildende wird unter Aufsicht, zum Zwecke der Ausbildung, für eine kurze Zeit an ein Fließband zur Montage von Motoren gestellt.

3 Die Probezeit im Ausbildungsvertrag wird auf vier Monate festgelegt.

4 Der Auszubildende liefert zur Abschlußprüfung sein Ausbildungsnachweisheft unvollständig ab.

5 Der Auszubildende weigert sich die Übungswerkstatt auszufegen.

☐

1 11 **Nach 8 Wochen in der Probezeit stellt Frau Müller fest, daß sie für den Beruf nicht geeignet ist. Was kann sie tun?**

1 Frau Müller kann das Ausbildungsverhältnis nur durch eine ordentliche Kündigung beenden.

2 Sie hat die Möglichkeit, ohne Angaben von Gründen das Ausbildungsverhältnis fristlos zu kündigen.

3 Das Ausbildungsverhältnis kann erst zum Ende der Probezeit ohne Angaben von Gründen gelöst werden.

4 Laut Arbeitsvertragsrecht ist die Ausbildung nur mit einer Kündigungsfrist von zwei Wochen kündbar.

5 Damit sie das Ausbildungsverhältnis fristlos kündigen kann, muß sie einen anderen Ausbildungsplatz vorweisen können.

☐

1 12 **Herr Klein, Auszubildender im zweiten Ausbildungsjahr, möchte die Ausbildung wechseln. Welche Möglichkeit hat Herr Klein?**

1 Herr Klein kann das Ausbildungsverhältnis ohne Angaben von Gründen zum nächsten Ersten kündigen.

2 Das Ausbildungsverhältnis kann nur im gegenseitigen Einverständnis gekündigt werden.

3 Herr Klein muß die Ausbildung mit einer Kündigungsfrist von vier Wochen schriftlich kündigen.

4 Der Auszubildende kann die Ausbildung erst nach der Zwischenprüfung mit einer Kündigungsfrist von vier Wochen schriftlich kündigen.

5 Eine ordentliche Kündigung zum Zwecke des Ausbildungswechsels ist nur schriftlich, unter Einhaltung der Kündigungsfrist von zwei Wochen, möglich.

☐

1 13 **Der Auszubildende hat Anrecht auf eine Ausbildungsvergütung. Welche Behauptung ist falsch?**

1 Bei einer sechswöchigen Krankheit zahlt der Arbeitgeber die Ausbildungsvergütung weiter.
2 Die Ausbildungsvergütungen werden in den ausgehandelten Lohntarifen mitberücksichtigt.
3 Alle Auszubildende erhalten die gleiche Vergütung.
4 Die Ausbildungsvergütung muß spätestens am letzten Tag des Monats gezahlt werden.
5 Die Ausbildungsvergütung muß jährlich mindestens einmal erhöht werden.

1 14 **Wann endet in jedem Fall das Ausbildungsverhältnis?**

1 Wenn das Vertragsende erreicht wird, auch wenn die Prüfung vor der Industrie- und Handelskammer noch nicht stattgefunden hat.
2 Wenn vom Auszubildenden in der Zwischenprüfung nur mangelhafte Leistungen erbracht werden.
3 Bei Nichtbestehen der ersten Abschlußprüfung innerhalb der Ausbildungszeit.
4 Wenn aufgrund einer längeren Krankheit zu erwarten ist, daß der Auszubildende die Prüfung nicht bestehen wird.
5 Grundsätzlich immer erst mit Bestehen der Abschlußprüfung.

1 15 **Welches Anrecht hat der Auszubildende nach Beendigung der Ausbildung?**

1 Der Betrieb muß ihn mindestens drei Monate weiterbeschäftigen, damit er Anspruch auf Arbeitslosengeld hat.
2 Der Betrieb muß die Bewerbungskosten des Auszubildenden tragen, wenn er ihn nicht weiterbeschäftigt.
3 Der Auszubildende darf die vom Betrieb ausgehändigten Arbeitskleider behalten.
4 Der Auszubildende muß automatisch weiterbeschäftigt werden, wenn nicht vorher die Kündigung ausgesprochen wurde.
5 Der Betrieb muß dem Auszubildenden ein Zeugnis ausstellen über Art, Dauer und Ziel sowie die erworbenen Kenntnisse der Ausbildung.

1 16 **Welche Aussage zum Prüfungsausschuß der Industrie- und Handelskammer ist nicht richtig?**

1 In Streitfällen entscheidet der Prüfungsausschuß über die Zulassung zur Prüfung.
2 Der Prüfungsausschuß gehört zur Verwaltung des Regierungspräsidenten.
3 Der Vorsitzende ist ein Arbeitgeber- oder Arbeitnehmervertreter.
4 Die Lehrer an berufsbildenden Schulen müssen im Prüfungsausschuß vertreten sein.
5 Zu den Aufgaben des Prüfungsausschusses gehört auch die Feststellung des Prüfungsergebnisses.

7 17 **Welche der angegebenen Möglichkeiten hat der Auszubildende beim Nichtbestehen der Prüfung?**

1 Liegt ein Verfahrensfehler vor, so kann der Auszubildende den Prüfungsausschuß verklagen.
2 Auch wenn der Auszubildende keinen Antrag stellt, verlängert sich die Ausbildung bis zum nächsten Prüfungstermin.
3 Der Auszubildende kann die Prüfung noch dreimal wiederholen.
4 Das Ausbildungsverhältnis muß beim erstmaligen Nichtbestehen der Prüfung auf Antrag des Auszubildenden bis zur nächstmöglichen Prüfung, jedoch höchstens um ein Jahr verlängert werden.
5 Der Ausbildungsbetrieb muß einer Verlängerung der Ausbildung auch beim zweiten Nichtbestehen der Prüfung zustimmen.

Ungebundene Aufgaben

1 18 **Nennen Sie drei Personenkreise, die an der Erarbeitung neuer Ausbildungsordnungen beteiligt sind.**

1. ....
2. ....
3. ....
4. Ergänzen Sie: Die neu erstellten Ausbildungsordnungen müssen, bevor sie in Kraft treten, vom .... erlassen werden.

1 19 **Ausbildung ist ein wichtiger Grundbaustein für die berufliche Weiterentwicklung. Beschreiben Sie zwei prinzipielle Möglichkeiten der beruflichen Fort- und Weiterbildung nach der Ausbildung.**

1 20 **Nennen Sie Gründe, warum die Ausbildung trotz der Verschlechterung der Arbeitsmarktsituation immer noch ein wichtiges Startkapital für das Berufsleben ist.**

1 21 **Nennen Sie jeweils vier Verpflichtungen des Ausbildungsbetriebs und des Auszubildenden aus dem Ausbildungsvertrag.**

1. Pflichten des Ausbildungsbetriebs
   ....
   ....
   ....
   ....
2. Pflichten des Auszubildenden
   ....
   ....
   ....
   ....

1 22 **Unter welchen Bedingungen und um welchen Zeitraum kann die Ausbildungsdauer verändert werden?**

1. Verlängerung der Ausbildung
   um .... Jahr
   bei ....
   um 1 Ausbildungsjahr bei ....
   ....
2. Verkürzung der Ausbildung
   um .... Jahr
   bei ....
   um .... Jahr
   bei ....

1 23 **Mit der Wahl eines Ausbildungsplatzes bestimmt der Jugendliche häufig seine berufliche Fachrichtung für ein Berufsleben. Erläutern Sie die Gründe und Möglichkeiten des Jugendlichen, um seine Entscheidung zu revidieren.**

2 Betriebswirtschaft

Verweis

Programmierte (gebundene) Aufgaben

2 01 **Wodurch ist die Soziale Marktwirtschaft charakterisiert?**

1 Der Staat greift nicht in den Markt ein.
2 Es ist dem Staat verboten eigene Unternehmen zu betreiben.
3 Die Unternehmen können sich ohne Rücksicht auf eine mögliche Marktbeherrschung zusammenschließen.
4 Die Preisgestaltung der Güter regelt sich nicht nach Angebot und Nachfrage.
5 Der Staat greift in das Marktgeschehen ein, wenn soziale Ungleichgewichte bestehen.

☐

2 02 **Mit welcher Antwort wird keine wirtschaftspolitische Maßnahme des Staates genannt?**

1 Ex- und Importbestimmungen
2 Senkung des Lombardsatzes durch die Deutsche Bundesbank
3 Subventionen für die Industrie
4 Erhebung von Steuern
5 Erhöhung der Mehrwertsteuer

☐

2 03 **Welche Maßnahme oder welches Gesetz gehört nicht zu den ordnungspolitischen Maßnahmen unseres Staates?**

1 Kartellgesetz
2 Subvention
3 Gesetz gegen den unlauteren Wettbewerb
4 Produkthaftungsgesetz
5 Verbot von Wettbewerbsbeeinträchtigungen

2 04 **Welche Aussage ist richtig?**

1 Die Versicherungen und Banken gehören zum primären Wirtschaftssektor.
2 Arbeit ist der derivate Produktionsfaktor.
3 Das Versicherungsgewerbe ist ein Faktormarkt.
4 Das Kfz-Handwerk ist ein monopolistischer Markt.
5 Der Mineralölmarkt ist ein oligopolistischer Markt.

2 05 **Bestimmen Sie die richtige Zuordnung von Marktform und Marktwert.**

1 Brieftransport bis 100 g der Deutschen Post AG – Monopol
2 Mineralölmarkt – Polypol
3 Einzelhandel – Oligopol
4 Automobilmarkt – Monopol
5 Elektrizitätsversorgung – Oligopol

2 06 **Warum besitzen viele öffentlich-rechtliche Unternehmen und Verwaltungen das Monopol für das Angebot eines Gutes oder einer Dienstleistung?**

1 Die Preise für die Güter sollen so hoch wie möglich gehalten werden.
2 Durch die Konkurrenz mit anderen Unternehmen würde die Qualität des Angebots gesenkt.
3 Die staatlichen Unternehmen können nur als Monopol wirtschaftlich arbeiten.
4 Die Sicherheit des Staates wäre sonst gefährdet.
5 Weil in den Unternehmen anstelle des Gewinns die soziale Verantwortung für die Gemeinschaft im Vordergrund steht.

2 07 **Welcher Begriff gehört in das freie Feld?**

1 Wirtschaftliche Güter
2 Handelsgüter
3 Investitionsgüter
4 Verbrauchsgüter
5 Gebrauchsgüter

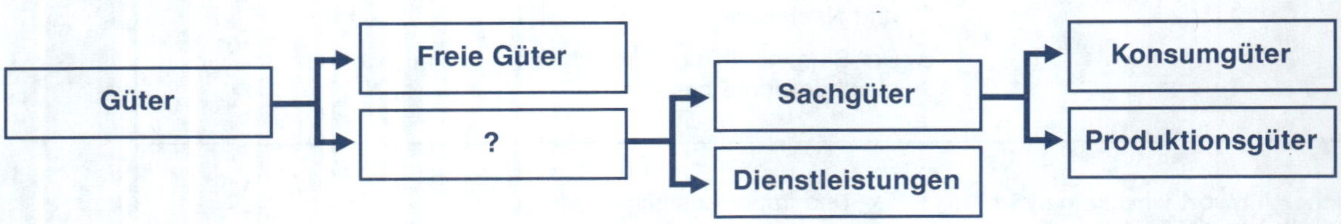

2 08 **Bestimmen Sie die richtige Aussage über die Definition der Güter.**

1 Unter freien Gütern versteht man die für jeden frei käuflichen Güter.
2 Wirtschaftliche Güter werden ausschließlich für die Industrieunternehmen produziert.
3 Dienstleistungen gehören nicht zu den wirtschaftlichen Gütern.
4 Knappe Güter sind nur die Rohstoffe, die uns im begrenzten Umfang zur Verfügung stehen.
5 Güter dienen der Befriedigung menschlicher Bedürfnisse.

☐

2 09 **Kennzeichnen Sie den derivativen Produktionsfaktor.**

1 Anbauboden
2 Standortboden
3 Natur
4 Produktionsmaschine
5 Selbständige Arbeit

☐

2 10 **Welche Aussage über die Produktionsfaktoren ist richtig?**

1 Die Arbeit ist der derivative Produktionsfaktor.
2 Die beiden Produktionsfaktoren Arbeit und Kapital sind i. d. R. gegeneinander austauschbar.
3 Zu dem Produktionsfaktor Kapital zählt nicht das Sachvermögen.
4 Zur Produktion der Güter werden nicht alle drei Produktionsfaktoren benötigt.
5 Der Produktionsfaktor Boden läßt sich als Anbauboden, Abbauboden und Fabrikgebäude beschreiben.

☐

2 11 **Was wird unter dem Begriff „Ökonomisches Prinzip" verstanden?**

1 Mit einem Maximum an Leistung soll ein Maximum an Gütern produziert werden.
2 Mit einem Minimum an Produktionsaufwand soll ein Maximum an Produktionsleistung erreicht werden.
3 Mit einem Minimum an Aufwand soll ein bestimmtes Produktionsergebnis erreicht werden.
4 Ein bestimmtes Produktionsergebnis soll mit einem Maximum an Aufwand erreicht werden.
5 Mit einem Minimum an Produktionsaufwand soll nicht ein Maximum an Produktionsleistung erreicht werden.

☐

2 12 **Bei welchem Beispiel der Lohnarten ist die Zuordnung richtig?**

1 Zeitlohn – Leistungsänderung bewirkt direkt eine Änderung des Bruttolohns.
2 Akkordlohn – leistungsabhängiger Lohn
3 Bruttolohn – Lohn nach Abzügen
4 Stückgeldakkord – Lohn, berechnet nach erstellten Leistungseinheiten je Stunden
5 Prämienlohn – einmalige Sonderzahlung für einen Verbesserungsvorschlag

☐

2 13 **Zu welcher Lohnart wird das Monatsgehalt des Angestellten gerechnet?**

1 Prämienlohn
2 Zeitlohn
3 Stückzeitakkord
4 Stückgeldakkord
5 Bruttolohn

☐

2 14 **Was wird nicht automatisch vom Bruttolohn abgezogen?**

1 Pflegeversicherungsbeitrag
2 Lohnsteuer
3 Kraftfahrzeugsteuer
4 Arbeitslosenversicherung
5 Kirchensteuer

2 15 **Welche Zuordnung des Einkommens ist falsch?**

1 Aktien – Dividende
2 Manuelle Arbeit – Lohn
3 Geld – Verzinsung
4 Boden – Dividende
5 Boden – Pacht

2 16 **Welche Aussage zur Serienfertigung ist richtig?**

1 Endprodukte werden in großen Mengen hergestellt.
2 Die Arbeitszerlegung ist gering ausgeprägt.
3 Ein Produkttyp wird in niedriger Stückzahl gefertigt.
4 Die charakteristische Organisationsform ist die Werkstattfertigung.
5 Die Güter werden auf Bestellung und nach Maß gefertigt.

2 17 **Bei welcher Fertigung ist die Zerlegung des Produktionsprozesses in einzelne Arbeitsschritte am größten?**

1 Reihenfertigung
2 Fließbandfertigung
3 Werkstattfertigung
4 Gruppenfertigung
5 Einzelfertigung

2 18 **In welcher Antwort stehen nur Begriffe der Fertigung nach Produktarten?**

1 Massenfertigung, Werkstattfertigung, Artikelfertigung
2 Artikelfertigung, Sortenfertigung, Kuppelfertigung
3 Gruppenfertigung, Reihenfertigung, Kuppelfertigung
4 Serienfertigung, Sortenfertigung, Artikelfertigung
5 Reihenfertigung, Einzelfertigung, Werkstattfertigung

2 19 **Betriebliche Funktionseinheiten unterscheiden sich in ihren Aufgabenstellungen und Strukturen. Welche Funktionseinheit ist richtig beschrieben?**

1 Unter der Beschaffung (Einkauf) versteht man unter anderem die Bereitstellung von Finanzmitteln.
2 Die Stabstellen (Rechts- und Planungsabteilung) sind nicht direkt der Betriebsleitung unterstellt.
3 Die Marketingabteilung ist für den Vertrieb der Produkte zuständig.
4 Das Rechnungswesen stellt die finanzielle Situation des Unternehmens in einer Bilanz dar.
5 Die Finanzabteilung hat die Möglichkeit, Geldmittel für Investitionen durch Innenfinanzierung bereitzustellen. Das dazu benötigte Geld wird durch Erhöhung der Einlagen der Gesellschafter beschafft.

2 20 **Welcher Posten in einer Bilanz wird auf der Vermögensseite geführt?**

1 Forderungen
2 Fremdkapital
3 Eigenkapital
4 Gewinn
5 verbindlichkeiten

2 21 **Kennzeichnen Sie die richtige Beschreibung der Organisationsform von Unternehmen.**

1 Unter der Baumstruktur in einem Funktionsplan versteht man, daß alle Abteilungen gleichberechtigt nebeneinander aufgeführt sind.

2 Die Planstellen der Abteilungsleiter werden als Stabstellen bezeichnet.

3 Bei Einteilung der Organisationsstruktur in Divisionen werden gleichartige betriebliche Funktionsbereiche in Hauptabteilungen zusammengefaßt.

4 Bei der Organisationsform in Sparten sind die Personal- und Rechtsabteilung nicht zu Zentralbereichen zusammengefaßt.

5 Die Gewinne der einzelnen Abteilungen zum Gesamtbetriebsergebnis lassen sich bei der produktorientierten Organisationsform einfacher ermitteln, als bei der funktionsorientierten Organisationsform.

☐

2 22 **Wie läßt sich die Produktivität eines Betriebes steigern?**

1 Durch die Einstellung neuer Arbeitnehmer

2 Durch den vermehrten Einsatz von computerunterstützten Werkzeugmaschinen

3 Durch die Einführung von Wochenendschichten

4 Durch kostengünstigen Einkauf der Rohstoffe

5 Durch die innerbetriebliche Fortbildung der Gesellen zu Meistern

☐

2 23 **Welche Maßnahme vergrößert nicht die Rentabilität des Unternehmers?**

1 Die Verringerung der Lohnkosten

2 Die Ausweitung der Kapazitätsauslastung

3 Die Vergrößerung des Umsatzes bei gleichbleibenden Preisen und Produktionskosten

4 Die Erhöhung der Arbeitsproduktivität durch Automatisation der Anlagen

5 Der günstigere Einkauf der für die Produktion benötigten Rohstoffe

☐

2 24 **Die Kapazität eines Betriebes ist zu 75 % ausgelastet. Was sagt der Wert aus?**

1 Der Betrieb könnte die Kapazität noch um 25 % steigern.

2 Der Wert drückt das Verhältnis von erstellter Leistung zu Leistungsvermögen aus.

3 Der Betrieb arbeitet nicht rentabel.

4 Ein Viertel der Maschinen steht still.

5 Der Betrieb muß Kurzarbeit einführen.

☐

2 25 **Wie läßt sich die Arbeitsproduktivität nicht steigern?**

1 Durch den Einsatz von CNC-Werkzeugmaschinen

2 Durch den Ersatz der manuellen Arbeit durch Arbeitsroboter

3 Durch die Einführung von Fließbändern bei der bisherigen Einzelfertigung

4 Durch die Einführung von Schichtarbeit

5 Durch die Verkleinerung der Belegschaft bei gleichbleibender Kapazität

☐

2 26 **Nach welcher Formel berechnet sich die Unternehmensrentabilität?**

1. $\text{Unternehmensrentabilität} = \frac{\text{Gewinn + Fremdkapitalzinsen}}{\text{Gesamtvermögen}} \times 100$
2. $\text{Unternehmensrentabilität} = \frac{\text{Leistung}}{\text{Kapital}}$
3. $\text{Unternehmensrentabilität} = \frac{\text{gefertigte Güter}}{\text{Arbeitsleistung}} \times 100$
4. $\text{Unternehmensrentabilität} = \frac{\text{Arbeitsleistung}}{\text{Kapital}}$
5. $\text{Unternehmensrentabilität} = \frac{\text{Umsatz}}{\text{Kapital}} \times 100$

☐

2 27 **Wann schreibt ein Unternehmen „rote Zahlen“?**

1. Wenn die Erträge größer als die Verluste sind.
2. Wenn die Rentabilität positiv ist.
3. Wenn die Kapazität nur zu 70 % ausgelastet ist.
4. Wenn die Erträge kleiner als die Aufwendungen sind.
5. Wenn die Umsatzrentabilität kleiner als 5 % ist.

☐

2 28 **Welche Auswirkung hat die Steigerung der Arbeitsproduktivität für ein Unternehmen?**

1. Bei gleichbleibenden Gesamtaufwendungen wird die Rentabilität des Unternehmens gesteigert.
2. Der Gewinn wird bei gleichbleibenden Verkaufserlösen kleiner.
3. Bei konstantem Umsatz verringern sich die Arbeitsplätze.
4. Die Kapazitätsauslastung verringert sich.
5. Die Lohnkosten für das Unternehmen werden größer.

☐

2 29 **Kennzeichnen Sie die Personengesellschaft unter den angegebenen Unternehmensformen.**

1. GmbH
2. OHG
3. Genossenschaft
4. KGaA
5. AG

☐

2 30 **In welcher Antwort sind nur Kapitalgesellschaften aufgeführt?**

1. Einzelunternehmen, Genossenschaft, AG
2. Kommanditgesellschaft, GmbH, Aktiengesellschaft
3. Genossenschaft, OHG, Gesellschaft mit beschränkter Haftung
4. AG, OHG, KGaA
5. Aktiengesellschaft, GmbH, KGaA

☐

2 31 **Welche Zuordnung ist <u>falsch</u>?**

1. Unternehmen – Aktiengesellschaft
2. Firma – Schulze & Maier Großhandel
3. Betrieb – Schlosserei, Bau 15
4. Firma – OHG
5. Betrieb – Ausbildungswerkstatt

☐

2 32 **Welche Unternehmensform ist eine Kapitalgesellschaft?**

1. OHG
2. GmbH
3. Einzelunternehmen
4. KG
5. Offene Handelsgesellschaft

☐

2 33 **Welche Aussage zur Haftung der Unternehmen ist falsch?**

1 Der Kommanditist haftet nur mit seiner Geldeinlage.
2 Der Einzelunternehmer ist unbeschränkt haftbar.
3 Der Komplementär haftet nur mit seinem Firmenvermögen.
4 Die juristische Person haftet nur mit dem Firmenvermögen.
5 Bei der OHG haften alle Gesellschafter mit ihrem Privatvermögen.

2 34 **Welchen Nachteil hat das Einzelunternehmen gegenüber einer Kapitalgesellschaft?**

1 Der Einzelunternehmer kann mit seinem guten Namen bürgen.
2 Der Eigentümer ist alleine gewinnberechtigt.
3 Das Einzelunternehmen kann in der Regel flexibler auf den Markt reagieren.
4 Der Eigentümer ist alleine entscheidungsberechtigt.
5 Das Einzelunternehmen hat häufig eine geringere Kapitaldecke und Kreditwürdigkeit.

2 35 **Welchen Vorteil besitzt die Kapitalgesellschaft gegenüber einem Einzelunternehmen?**

1 Die Kapitalgesellschaft haftet nur mit dem Firmenvermögen.
2 Der Entscheidungsweg bei Kapitalgesellschaften ist kürzer.
3 Die Kapitalgesellschaft ist leichter zu gründen.
4 Das Stammkapital ist kleiner als bei dem Einzelunternehmen.
5 In einer Kapitalgesellschaft haben die Arbeitnehmer ein umfangreiches Mitbestimmungsrecht.

2 36 **Welche Aussage zur beschränkten Haftung des Kapitals ist richtig?**

1 Die Eigentümer einer OHG haften auch mit dem Privatbeseitz.
2 Die beschränkte Haftung bezieht sich nur auf das eingebrachte Firmenkapital.
3 Auch die Aktionäre haften mit ihrem Privatkapital.
4 In einer Kommanditgesellschaft haftet der Komplementär nur mit seinem eingebrachten Kapital.
5 Die beschränkte Haftung des Privatkapitals findet nur beim Einzelunternehmen Anwendung.

2 37 **Kennzeichnen Sie die richtige Aussage zur Offenen Handelsgesellschaft.**

1 Die OHG ist eine Kapitalgesellschaft.
2 In der OHG gibt es beschränkt und unbeschränkt haftende Gesellschafter.
3 Ein Gesellschafter ist alleine verantwortlich für das gesamte Unternehmen.
4 Die OHG wird von mindestens drei Gesellschaftern gegründet.
5 Das Risiko ist auf alle Gesellschafter gleich verteilt.

2 38 **Welche Bezeichnung für den Firmengründer einer Kommanditgesellschaft ist richtig?**

1 Komplementär
2 Einzelunternehmer
3 Kommanditist
4 Teilhafter
5 Stiller Teilhaber

2 39 **Welche Organe hat eine Aktiengesellschaft?**

1 Vorstand, Aufsichtsrat, Gesellschafterversammlung
2 Aufsichtsrat, Geschäftsführer, Hauptversammlung
3 Vorstand, Aktionäre, Aufsichtsrat
4 Hauptversammlung, Aufsichtsrat, Vorstand
5 Geschäftsführer, Gesellschafterversammlung, Aufsichtsrat

2 40 **Welche Aufgabe hat die Hauptversammlung einer Aktiengesellschaft?**

1 Wahl des Vorstandes
2 Bestellung des gesamten Aufsichtsrates
3 Führung der Geschäfte des Unternehmens
4 Überwachung des Vorstandes
5 Entlastung des Vorstandes und des Aufsichtsrates

2 41 **Worauf hat der Aktionär kein Anrecht?**

1 Mitsprache bei allen Entscheidungen des Vorstandes
2 Ausübung des Stimmrechtes auf der Hauptversammlung
3 Aktien an den Börsen zu verkaufen
4 Information über die Bilanz des Unternehmens
5 Teilnahme an der Hauptversammlung

2 42 **Eine Aussage zu den Kapitalgesellschaften ist richtig.**

1 Das Mindestkapital für die Gründung einer Aktiengesellschaft beträgt 50.000 DM.
2 Zur Gründung einer GmbH werden mindestens zwei Personen benötigt.
3 Die Aktiengesellschaften müssen ihre Jahresbilanzen veröffentlichen (Publizitätspflicht).
4 Jedes der fünf Gründungsmitglieder einer AG muß 20.000 DM einbringen.
5 Das Grundkapital der Genossenschaften ist in Geschäftsanteile gestückelt, die nicht frei übertragbar sind.

Ungebundene Aufgaben

2 43 **Kennzeichnen Sie die Antwort, die keine ordnungspolitische Maßnahme des Staates darstellt. (Mehrfachnennungen sind möglich)**

X 1. Kindergeld
X 2. Subvention durch den Staat
3. Verbraucherschutzgesetz
4. Gesetz gegen den unlauteren Wettbewerb
5. Kartellgesetz
X 6. Ex- und Importbestimmung

2 44 **Der Verbraucher ist häufig gegenüber dem Anbieter einer Ware in der schwächeren Position. Nennen und begründen Sie zwei staatliche Eingriffe, die den Schutz des Verbrauchers zum Ziel haben.**

2 45 **Bilden Sie fünf unterschiedliche Begriffspaare mit je einem Begriff aus der Gruppe A und einem Begriff aus der Gruppe B.**

A. Güterarten: freies Gut, knappes Gut, Dienstleistung, Verbrauchskonsumgut, Gebrauchskonsumgut, Verbrauchsproduktionsgut, Gebrauchsproduktionsgut

B. Gut: Auto, Rohöl, Walzstraße, Brot, Holz, Roheisen, Vermögensberatung, Bohrmaschine, Luft, Nahverkehr

1. .... – ....
2. .... – ....
3. .... – ....
4. .... – ....
5. .... – ....

2 46 **Wie unterscheiden sich aus der Sicht des Verbrauchers die staatlichen von den privaten Monopolen in der Wirtschaft?**

2 47 **Das Bundeskartellamt in Berlin besitzt eine wichtige Ordnungsfunktion in unserer Wirtschaft. Nennen und begründen Sie den Auftrag des Bundeskartellamtes.**

2 48 **Nennen Sie fünf Aspekte, von denen der Standort eines Industrieunternehmens abhängen kann.**

1. ....
2. ....
3. ....
4. ....
5. ....

2 49 **Beantworten Sie die drei Fragen.**

1. Welches Einkommen erzielt man durch unselbständige Arbeit?

   ....

2. Welches Einkommen erzielt man durch Aktien?

   ....

3. Welches Einkommen erzielt man durch Bereitstellung von Boden?

   ....

2 50 **Das ökonomische Prinzip verlangt ein optimales Verhältnis von Aufwand und Ertrag. Erläutern Sie, auf welchem Wege die Firmen in der Bundesrepublik Deutschland vorrangig versuchen, dieses Ziel zu erreichen. Wie läßt sich dieses Prinzip charakterisieren?**

2 51 **Frau Maier ist alleinstehend und kaufmännische Angestellte im Einkauf einer Möbelfirma. Sie erhält monatlich ein Entgelt von 4 036,65 DM brutto.**

1. Welche gesetzlichen Abzüge vom Bruttogehalt sind zu entrichten?
2. Wie hoch sind die einzelnen Abzüge in DM, und welches Nettogehalt überweist der Arbeitgeber auf das Gehaltskonto von Frau Maier?

Die zuzuordnenden Prozentzahlen sind 9,75 %, 0,85 %, 3,25 %, 14,9 %, 7,0 % und 9 Prozent der Lohnsteuer.

Bruttogehalt		3 400,00 DM
....	–	DM
....	–	DM
....	–	DM
....	–	DM
....	–	DM
....	–	DM
Nettogehalt		DM

2 52 **Nach welchen Grundsätzen berechnen sich die folgenden Lohnarten?**

Zeitlohn = ...

Prämienlohn = ...

2 53 **Geben Sie eine kurze Definition für folgende Begriffe an.**

1. Stückzeitakkord: ....
....
....
2. Oligopol: ....
....
....
3. Nettolohn: ....
....
4. Gruppenfertigung: ....
....
....

2 54 **Nennen Sie vier Funktionsbereiche, die in jedem industriellen Unternehmen anzutreffen sind. Als Hilfestellung werden vier Stichworte genannt.**

1. .... (Buchführung)
2. .... (Versorgung mit Betriebstoffen)
3. .... (Werbung)
4. .... (Bereitstellung von Geld)

2 55 **Bei welchem Fertigungsverfahren ist der Grad der Automatisierung und Arbeitszerlegung sehr gering?**

....

....

....

2 56 **Der Produktionsprozeß in einem Unternehmen ist gekennzeichnet durch die manuelle Arbeit an einem Fließband. Das hergestellte Produkt ist eine Massenware. Für die Produktionsanlagen sind große Grundstücksflächen notwendig. In welchem der beiden Länder, Deutschland oder Korea, würden Sie die Produktionsanlagen errichten? Begründen Sie Ihre Entscheidung.**

....

....

....

....

....

....

2 57 **Ergänzen Sie:**

1. Bei der Massenfertigung werden die Verbrauchsgüter .... und .... unbegrenzt für den Markt produziert.
2. Die Organisationsform, bei der Arbeitsplätze durch Zwischenlager voneinander getrennt sind, heißt ....
3. Bei der .... entstehen aus einem Einsatzprodukt im Folgeprozeß unterschiedliche Endprodukte.

2 58 **Geben Sie die Gleichung für die Berechnung der Arbeitsproduktivität an.**

Arbeitsproduktivität =

2 59 **Nennen Sie zwei Möglichkeiten eines Unternehmens, um die Arbeitsproduktivität zu steigern.**

1. ....
2. ....

2 60 **Das Unternehmen Müller Maschinenbau GmbH gibt zum Jahresabschluß folgende Daten bekannt:**

	in Mio. DM
Anlagevermögen	12,804
Eigenkapital	6,715
Rückstellungen	10,950
Umlaufvermögen	11,320
Verbindlichkeiten	6,459

1. Stellen Sie aus den Daten des Unternehmens eine Bilanz auf.
2. Wie hoch ist die Unternehmerrentabilität bei folgenden Daten?

	in Mio. DM
Umsatzerlöse	86,860
Anschaffungskosten	51,902
Vertriebskosten	15,532
Finanzerträge (Zinsen)	2,131
Betriebliche Aufwendungen	3,576
Verwaltungskosten	7,857

2 61 **Unterscheiden Sie die folgenden drei Begriffe.**

Firma: ....

Unternehmen: ....

Betrieb: ....

2 62 **Ergänzen Sie die Aussagen zur Aktiengesellschaft.**

1. Zur Gründung einer Aktiengesellschaft ist ein Stammkapital von .... DM notwendig.
2. Die Aktionäre auf der ....
   wählen die Hälfte der ....
3. Der .... ernennt den ....

2 63 **Das Stammkapital einer Aktiengesellschaft ist in Anteilscheine gestückelt.**

1. Wie heißen die Anteilscheine?
   ....
2. Wo werden diese Anteilscheine gehandelt?
   ....
3. Wie heißt die Barausschüttung je Anteilschein?
   ....
4. Wie wird der aufgedruckte Wert eines Anteilscheins genannt?
   ....
5. Wie heißt der täglich festgestellte Wert des Anteilscheins am Markt?

2 64 **Die GmbH ist mit die häufigste Rechtsform neugegründeter Firmen. Welche Gründe sprechen gerade für diese Rechtsform?**

2 65 **In Aktiengesellschaften gibt es ein Abhängigkeitsverhältnis zwischen dem Unternehmen und den Anteilseignern. Charakterisieren Sie das Verhältnis und die Organe, in denen beide zusammenarbeiten.**

3 Interessenvereinigungen in der Wirtschaft

Verweis

Programmierte (gebundene) Aufgaben

3 01 **Welche Aussage über die geschichtliche Entwicklung der Gewerkschaften ist falsch?**

1 Die ersten Gewerkschaften entstanden im 19. Jahrhundert.
2 Der erste Tarifvertrag wurde von der Gewerkschaft der Buchdrucker abgeschlossen.
3 Der DGB ist der einzige in Deutschland gegründete Gewerkschaftsdachverband.
4 Die Koalitionsfreiheit und die Tarifautonomie wurden in der Weimarer Verfassung gesetzlich abgesichert.
5 Die ersten Schwerpunkte in der gewerkschaftlichen Arbeit waren die Verbesserungen der Arbeitsbedingungen.

☐

3 02 **Welche Forderung wird nicht vom DGB gestellt?**

1 Die Verringerung der wöchentlichen Arbeitszeit
2 Die Mitbestimmung bei der Einführung neuer Technologien
3 Die Verstaatlichung aller Unternehmen
4 Die Absicherung der gesetzlichen Sozialversicherungen durch den Staat
5 Die Verringerung der Arbeitslosigkeit durch beschäftigungswirksame Maßnahmen des Staates

☐

3 03 **Nach welchem Prinzip sind die einzelnen Gewerkschaftsdachverbände nicht organisiert?**

1 Nach dem Industrieverbandsprinzip
2 Nach dem Verdienst der Arbeitnehmer
3 Nach der beruflichen Stellung des Arbeitnehmers
4 Nach der Freiwilligkeit der Mitgliedschaft
5 Nach der Unabhängigkeit von der ethisch-religiösen Orientierung der Mitglieder

☐

3 04 **Was fällt nicht in den Aufgabenbereich des DGB?**

1 Mitwirkung bei den Arbeits- und Sozialgerichten
2 Der Abschluß von Tarifverträgen
3 Die Vorbereitung und Stellungnahmen zur Sozialgesetzgebung
4 Die Mitwirkungen bei den Selbstverwaltungen der Sozialversicherungen
5 Die Erarbeitung von Grundsätzen zur Tarifpolitik

3 05 **Kennzeichnen Sie unter den angegebenen Organisationen den kleinsten Gewerkschaftsdachverband.**

1 DGB
2 IG Metall
3 DAG
4 ÖTV
5 CGB

3 06 **Ein Dreher ist als Arbeiter in einem chemischen Unternehmen beschäftigt. In welche Gewerkschaft kann er eintreten?**

1 IG Metall
2 DGB
3 DAG
4 IG Bauen-Agrar-Umwelt
5 IG Bergbau, Chemie, Energie

3 07 **Welche Aussage zu den Gewerkschaften und Arbeitgeberverbänden ist falsch?**

1 Die Mitgliedschaft in den Arbeitgeberverbänden ist für den Arbeitgeber Pflicht.
2 Die Mitgliedschaft in einer Gewerkschaft ist für den Arbeitnehmer freiwillig.
3 In einem Betrieb kann nur eine DGB-Gewerkschaft kandidieren.
4 Die BDA darf keine Tarifverträge abschließen.
5 Der DGB ist an gemeinnützigen Unternehmen beteiligt.

3 08 **Welche Aussage zu der Mitgliedschaft in den Interessenvertretungen ist nicht richtig?**

1 Bei einem Arbeitsplatzwechsel des Arbeitnehmers in einen anderen Industriezweig erfolgt auch ein Wechsel in eine andere DGB-Gewerkschaft.
2 Arbeitnehmer, die der moslemischen Religion angehören, dürfen einer DGB-Gewerkschaft beitreten.
3 Die Zugehörigkeit zu den Arbeitgeberverbänden ist für den einzelnen Arbeitgeber nicht Pflicht.
4 Nach dem 65. Lebensjahr ist für den Arbeitnehmer die Zugehörigkeit zur Gewerkschaft beendet.
5 Die Beitragshöhe zur Gewerkschaft richtet sich nach dem Verdienst des Mitgliedes.

3 09 **Welchen Vorteil genießt ein Arbeitnehmer durch die Gewerkschaftsmitgliedschaft nicht?**

1 Er erhält Streikgeld von der Gewerkschaft bei einem Streik.
2 In Notfällen hat er das Recht auf finanzielle Unterstützung durch die Gewerkschaft.
3 Der Arbeitnehmer hat das Anrecht auf Rechtsbeistand vor dem Arbeitsgericht.
4 Er hat das Recht auf 5 Tage Bildungsurlaub mehr im Jahr, als der nicht organisierte Arbeitnehmer.
5 Er hat das Recht auf Beratung durch gewerkschaftliche Vertrauensleute im Betrieb.

H:\WIN_%0\GEHLEN\91418\4_AUFL\Teil02.win # 8. April 1998 # ka # 980617 # 4. Auflage # Page 004

3 10 **Kennzeichen Sie die richtige Aussage zu den Arbeitgeberverbänden.**

1 Sie unterstehen dem Bundeswirtschaftsminister.
2 Der BDI (Bundesverband der Deutschen Industrie) ist ihr Dachverband.
3 Nur 40 % aller Unternehmer sind organisiert.
4 Die Verbände sind nach dem Industrieverbandsprinzip organisiert.
5 Der öffentliche Dienst ist Mitglied in der BDA (Bundesvereinigung der Deutschen Arbeitgeberverbände).

3 11 **Welche Institution ist für die Überwachung der Ausbildung zuständig?**

1 Die Industrie- und Handelskammer
2 Die Gewerkschaft
3 Der Regierungspräsident
4 Das Amt für Arbeitsschutz und Sicherheitstechnik
5 Die Berufsgenossenschaft

3 12 **Die Industrie- und Handelskammer (IHK) ist eine Körperschaft des öffentlichen Rechts. Kennzeichnen Sie die richtige Aussage.**

1 Die Mitarbeiter der IHK sind Beamte.
2 Die IHK nimmt als „zuständige Stelle" die ihr vom Gesetz übertragenen Aufgaben in Selbstverwaltung wahr.
3 Die Verwaltung der IHK wird vom zuständigen Ministerium wahrgenommen.
4 In jedem Bundesland darf es nur eine IHK geben.
5 Die Industrie- und Handelskammern werden allein aus dem Bundeshaushalt finanziert.

3 13 **Was gehört nicht zu den Aufgaben der Industrie- und Handelskammer?**

1 Die Eintragung der Ausbildungsverhältnisse in das bei der Kammer geführte Verzeichnis der Berufsausbildungsverhältnisse
2 Die Einrichtung von Schiedsstellen
3 Die Abnahme der Meisterprüfungen
4 Die Unterstützung ihrer Mitglieder bei Auslandsgeschäften
5 Die Überwachung der Betriebe auf Einhaltung der Bestimmungen der Gewerbeordnung

3 14 **Wer ist bei Verstößen gegen das Berufsbildungsgesetz zuständig?**

1 Der Betriebsrat
2 Die Industrie- und Handelskammer
3 Das Amt für Arbeitsschutz und Sicherheitstechnik
4 Die Berufsgenossenschaft
5 Das Bundesbildungsministerium

3 15 **Wer überwacht nach der Reichsversicherungsordnung die Unfallverhütung in den Unternehmen?**

1 Die Feuerwehr
2 Das Ordnungsamt
3 Die Gewerkschaft
4 Die Berufsgenossenschaft
5 Der Technische Überwachungsverein

3 16 **Welche Darstellung zur Arbeitssicherheit ist falsch?**

1 Die Überwachung von Druckbehältern obliegt in der Regel dem TÜV.

2 Die gefährlichen Güter müssen durch besondere Tafeln mit Signum gekennzeichnet sein.

3 Bei gefährlicher Arbeit und einem existierenden Betriebsrat ist ab 20 Arbeitnehmern ein Sicherheitsbeauftragter einzustellen.

4 Die MAK-Werte für Chemikalien müssen nur in der chemischen Industrie eingehalten werden.

5 Der Umweltschutz gewinnt in der Arbeitssicherheit immer mehr an Bedeutung.

☐

Ungebundene Aufgaben

3 17 **Welche Ziele der Gewerkschaften wurden schon im vergangenen bzw. erst in diesem Jahrhundert erreicht? (Bitte ankreuzen)**

	19. Jhd	20. Jhd
1. Unfallversicherung	○	○
2. Einheitsgewerkschaft	○	○
3. Kündigungsschutzgesetz	○	○
4. Kinderarbeitsschutzgesetz	○	○
5. Mutterschutzgesetz	○	○
6. Arbeitslosenversicherung	○	○
7. Arbeitsförderungsgesetz	○	○

3 18 **Nach welchen zwei grundlegenden Prinzipien sind die Gewerkschaften des DGB organisiert?**

1. ....

2. ....

Erläutern Sie kurz die zwei Prinzipien.

Zu 1: ....

....

....

Zu 2: ....

....

....

3 19 **Erläutern Sie zwei Zielsetzungen, die mit der Bildung der Einheitsgewerkschaft verknüpft sind.**

3 20 **Nennen Sie die vier Dachverbände der Gewerkschaften.**

1. ....

2. ....

3. ....

4. ....

Welcher dieser Dachverbände ist beruflich ausgerichtet?

5. ....

3 21 **Welche Aufgaben werden vom DGB bzw. von den Einzelgewerkschaften wahrgenommen? (Bitte ankreuzen)**

	DGB	Einzelgewerkschaft
1. Abschluß von Tarifverträgen	○	○
2. Mitwirkung in den Selbstverwaltungen der Sozialversicherungen	○	○
3. Rechtsvertretung der Mitglieder	○	○
4. Vorbereitung und Stellungnahmen zu den Sozialgesetzen	○	○
5. Zahlung des Streikgeldes	○	○

3 22 **Welche Einzelgewerkschaft des DGB ist größer als die DAG, DBB und CGB zusammen?**

....

3 23 **Nennen und erläutern Sie zwei wichtige Vorteile der Gewerkschaftsmitgliedschaft.**

3 24 **In welchen Interessenvereinigungen ist die Mitgliedschaft Pflicht?**

1. ....

2. ....

3 25 **Nennen Sie vier Aufgaben der Industrie- und Handelskammer, die unmittelbar mit der Ausbildung in Verbindung stehen.**

1. ....

2. ....

3. ....

4. ....

3 26 **Warum sind die Industrie- und Handelskammern mit der Überwachung der Ausbildung betraut? Nennen Sie zwei Aufgaben, die dabei von den Kammern wahrgenommen werden.**

3 27 **Beschreiben Sie drei Maßnahmen, über die die Anzahl der Unfälle in den Betrieben reduziert werden sollen. Wer überwacht die Einhaltung der Maßnahmen?**

4 Arbeitsrecht

Verweis

Programmierte (gebundene Aufgaben)

4 01 **Welche Unterlage ist nicht unbedingt erforderlich für eine Bewerbung auf eine Gesellenstelle?**

1 Das Lichtbild
2 Ein polizeiliches Führungszeugnis
3 Das letzte Schulzeugnis
4 Ein tabellarischer Lebenslauf
5 Der Gesellenbrief

☐

4 02 **Welche Frage des Arbeitgebers ist bei einem Bewerbungsgespräch nicht zulässig?**

1 Die Frage nach der Gewerkschaftszugehörigkeit des Arbeitnehmers
2 Die Frage nach Krankheiten, die Einfluß auf das Arbeitsverhältnis haben könnten
3 Die Frage nach dem Familienstand des Arbeitnehmers
4 Die Frage nach der beruflichen Weiterbildung
5 Die Frage, ob der Wehr- oder Ersatzdienst abgeleistet wurde

☐

4 03 **Was ist nicht vor oder bei Beginn des Arbeitsverhältnisses dem Arbeitgeber vorzulegen?**

1 Die Lohnsteuerkarte
2 Das Sozialversicherungsnachweisheft
3 Die Kraftfahrzeugversicherungsnummer
4 Die Urlaubsbescheinigung des letzten Arbeitgebers
5 Die Bankverbindung

☐

4 04 **Kennzeichnen Sie die Verpflichtung, die der Arbeitnehmer oder der Arbeitgeber bei Abschluß des Arbeitsvertrages nicht eingeht.**

1 Regelmäßig zur Arbeit zu erscheinen
2 Rechtzeitig den Lohn oder das Gehalt zu zahlen
3 Für den entsprechenden Arbeitsschutz Sorge zu tragen
4 Den Weisungen der Vorgesetzten Folge zu leisten
5 Die Umzugskosten des Arbeitnehmers zu tragen

4 05 **Welche Aussage über den Arbeitsvertrag ist richtig?**

1 Jeder Arbeitsvertrag muß schriftlich abgeschlossen werden.
2 Der Arbeitsvertrag ist gültig, sobald der Arbeitgeber ihn unterschrieben hat.
3 Der Arbeitsvertrag ist erst bei der Arbeitsaufnahme durch den Arbeitnehmer gültig.
4 Von gesetzlichen Bestimmungen kann zum Vorteil für den Arbeitnehmer im Arbeitsvertrag abgewichen werden.
5 Arbeitgeber und Arbeitnehmer haben nach Abschluß des Vertrages eine Bedenkzeit von zwei Wochen, um von dem Vertrag zurückzutreten.

4 06 **Was entspricht nicht den gesetzlichen Regelungen?**

1 Die Mindestkündigungsfrist für Arbeitnehmer beträgt vier Wochen zum Fünfzehnten oder Monatsende.
2 Der Jahresurlaub beträgt mindestens 24 Werktage.
3 Nichtgenommener Jahresurlaub darf nicht finanziell abgegolten werden.
4 Die Probezeit beträgt sechs Monate.
5 Der Arbeitnehmer verpflichtet sich, nicht der Gewerkschaft beizutreten.

4 07 **Die Regelungen des gesetzlichen und kollektiven Arbeitsrechts grenzen die prinzipielle Vertragsfreiheit ein. Welche Regelung paßt nicht in die Aufzählung?**

1 Bundesurlaubsgesetz
2 Tarifvertrag
3 Arbeitszeitgesetz
4 Kündigungsschutzgesetz
5 Mutterschutzgesetz

4 08 **Ein Arbeitgeber kommt nach sieben Monaten Betriebszugehörigkeit des Arbeitnehmers seiner Entlohnungspflicht nicht nach. Welche Kündigungsmöglichkeit hat der Arbeitnehmer?**

1 Die fristlose Kündigung, aber erst nach dreimaligem Nichtzahlen des Lohnes
2 Die ordentliche Kündigung mit einer Woche Kündigungsfrist
3 Die fristlose Kündigung
4 Die fristlose Kündigung, vorher muß allerdings der Betriebsrat angehört werden
5 Die fristlose Kündigung, wobei der Arbeitnehmer sich den nicht gezahlten Lohn in Form von Sachleistungen aneignen kann

4 09 **Aufgrund eines Auftragsrückgangs soll ein Arbeiter nach vierjähriger Betriebszugehörigkeit gekündigt werden. Welche Aussage ist richtig?**

1 Der Arbeitgeber kann mit einer Kündigungsfrist von zwei Monaten zum Ende eines Kalendermonats kündigen
2 Der Arbeiter kann gegen die Kündigung innerhalb von drei Monaten vor dem Arbeitsgericht klagen.
3 Bei einer ordentlichen Kündigung muß der Betriebsrat vorher nicht angehört werden.
4 Die Mindestkündigungsfrist für den Arbeitgeber beträgt sechs Wochen zum Quartalsende.
5 Der Arbeitgeber kann den Arbeiter nicht entlassen, weil der Auftragsrückgang kein sozial gerechtfertigter Grund ist.

4 10	**Welche außerordentliche Kündigung ist rechtmäßig?**	1 Aufgrund einer Untersuchung wird ein Angestellter eine Woche nach Bekanntwerden seiner Unterschlagung fristlos entlassen. 2 Ein Arbeiter wird nach zweimaligem Zuspätkommen fristlos entlassen. 3 Einem Auszubildenden wird fristlos gekündigt, nachdem er die Zwischenprüfung nicht bestanden hat. 4 Ein Monat nach dem Bekanntwerden eines Diebstahls von 1 000 DM wird der Dieb fristlos entlassen. 5 Aufgrund des rapiden Auftragsrückgangs entläßt der Betrieb zwei Arbeiter fristlos.
4 11	**Ein Angestellter ist in einem Betrieb seit zehn Jahren beschäftigt. Er wechselt wegen besserer Verdienstmöglichkeiten den Arbeitsplatz. Welche Kündigungsfrist muß er einhalten?**	1 3 Monate zum Quartalsende 2 6 Wochen zum Quartalsende 3 4 Monate zum Quartalsende 4 4 Wochen zum Fünfzehnten oder Monatsende 5 6 Wochen zum Monatsende
4 12	**Kennzeichnen Sie die richtige Aussage zum Begriff „Allgemeiner Kündigungsschutz".**	1 Der „Allgemeine Kündigungsschutz" gilt nur für Gewerkschaftsmitglieder. 2 Dem „Allgemeinen Kündigungsschutz" unterliegen alle Arbeitnehmer, die in einem Betrieb mit mehr als zehn Arbeitnehmern länger als sechs Monate beschäftigt sind. 3 Eine fristlose Kündigung ist nach sechs Monaten Betriebszugehörigkeit nicht mehr möglich. 4 Bei Anwendung des „Allgemeinen Kündigungsschutz" beträgt die Mindestkündigungsfrist für alle Arbeitnehmer sechs Wochen zum Quartalsende. 5 Fällt der Arbeitnehmer unter diesen Schutz, so kann er nicht mehr aus betrieblichen Gründen gekündigt werden.
4 13	**Wer fällt nicht unter den besonderen Kündigungsschutz?**	1 Wehr- und Ersatzdienstleistende 2 Das Betriebsratsmitglied 3 Der Jugendliche 4 Die Arbeitnehmerin innerhalb der Schwangerschaft 5 Der Schwerbehinderte
4 14	**Einem Arbeitnehmer stehen laut Vertrag 30 Tage Erholungsurlaub zu. Zum 31.05. des Jahres kündigt er seinen Arbeitsplatz. Wieviel Tage Urlaub stehen ihm aus diesem Arbeitsverhältnis zu?**	1 12 Tage 2 30 Tage 3 18 Tage 4 24 Tage 5 13 Tage
4 15	**Ein Arbeitnehmer fängt eine neue Arbeitsstelle am 01.01. eines Jahres an. Nach sieben Monaten möchte er 20 Tage seines tariflich festgelegten Urlaubs von 24 Tagen nehmen. Welche Aussage ist richtig?**	1 Der Arbeitnehmer darf nur seinen anteiligen Urlaub von 14 Tagen nehmen. 2 Der Betrieb kann das Urlaubsgesuch mit der Begründung verwehren, daß jeder Urlaub zur Aufrechterhaltung der Produktion nicht länger als eine Woche dauern darf. 3 Der Arbeitnehmer darf die 20 Tage Urlaub nehmen, wenn keine betrieblichen Gründe dagegensprechen. 4 Der Arbeitnehmer darf nur seinen vollen Urlaub von 24 Tagen nehmen.. 5 Der Betrieb kann dem Arbeitnehmer die restlichen vier Urlaubstage versagen und stattdessen eine angemessene Ausgleichszahlung leisten.

4 16 **Welche Aussage zum Bundesurlaubsgesetz ist falsch?**

1 Wurde der Jahresurlaub aus betrieblichen Gründen nicht genehmigt, muß er in den ersten drei Monaten des folgenden Jahres genommen oder finanziell abgegolten werden.
2 Der gesetzliche Mindesturlaub beträgt 24 Werktage.
3 Betriebsferien dürfen durch den Arbeitgeber angeordnet werden.
4 Nachgewiesene Krankheitstage während eines Urlaubs werden nicht auf den Jahresurlaub angerechnet.
5 Der volle Urlaubsanspruch besteht nach sechs Monaten Betriebszugehörigkeit.

4 17 **Um einen Auftrag fristgemäß abwickeln zu können, sollen die Arbeitnehmer an drei Tagen zwei Stunden länger arbeiten. Kann der Arbeitgeber diese Zusatzarbeit anordnen?**

1 Nein
2 Ja, mit Zustimmung des Gewerbeaufsichtsamts
3 Ja, wenn es in der Betriebsvereinbarung so geregelt ist.
4 Ja, an bis zu 60 Tagen im Jahr kann der Arbeitnehmer bis zu zehn Stunden am Tag beschäftigt werden, wenn es im Tarifvertrag geregelt ist.
5 Ja, mit Zustimmung des Arbeitsamts

4 18 **Wieviel Minuten Pause hat ein erwachsener Arbeitnehmer bei einem achtstündigen Arbeitstag?**

1 60 Minuten Pause
2 45 Minuten Pause
3 zwei Pausen von je 30 Minuten
4 zwei Pausen mit jeweils 15 und 30 Minuten
5 zwei Pausen mit je 15 Minuten oder eine halbstündige Pause

4 19 **Ein Arbeiter wurde für vier Wochen krankgeschrieben. Vor sieben Monaten wurde er schon einmal aufgrund derselben Krankheit arbeitsunfähig geschrieben. Wie lange muß der Arbeitgeber das Entgelt fortzahlen?**

1 Der Arbeitgeber muß das Entgelt nur für höchstens sechs Wochen im Jahr weiterzahlen.
2 Dem Arbeiter stehen nur für die ersten vier Wochen Entgeltfortzahlung zur.
3 Für beide Zeiten der Arbeitsunfähigkeit besteht Entgeltfortzahlungspflicht.
4 Bei der zweiten Arbeitsunfähigkeit erhält der Arbeitnehmer nur für zwei Wochen das Entgelt weiter.
5 Die Entgeltfortzahlungspflicht kann für eine Krankheit innerhalb eines Jahres nur einmal in Anspruch genommen werden.

4 20 **Was muß dem Arbeitnehmer bei Beendigung des Arbeitsverhältnisses nicht unbedingt ausgehändigt werden?**

1 Die Lohnsteuerkarte
2 Die Urlaubsbescheinigung
3 Ein qualifiziertes Zeugnis
4 Entgeltbescheinigung für die Rentenversicherung
4 Ein einfaches Zeugnis

4 21 **Was ist in einem qualifizierten Zeugnis gegenüber einem einfachen Zeugnis zusätzlich enthalten?**

1 Die Stellung des Arbeitnehmers im Betrieb
2 Die Dauer der Tätigkeit
3 Die Angaben zur Person
4 Die Angaben über die Tätigkeiten während der Beschäftigung im Betrieb
5 Die Führung und Leistung des Arbeitnehmers im Betrieb

4 22 **Wer ist nicht berufsschulpflichtig?**

1 Der siebzehnjährige ungelernte Arbeiter
2 Die zwanzigjährige Auszubildende, die ihre Ausbildung mit 17 Jahren begonnen hat
3 Der achtzehnjährige Auszubildende
4 Ein neunzehnjähriger Arbeiter
5 Der Jugendliche nach der Vollendung seiner Vollzeitschulpflicht

4 23 **Für Jugendliche hat der Gesetzgeber besondere Schutzvorschriften erlassen. In welchem Fall liegt ein Verstoß gegen diese Schutzvorschriften vor?**

1 Der Berufsschulunterricht des Auszubildenden fällt auf einen Samstag. Als Ausgleich bekommt der Auszubildende den folgenden Montag frei.
2 Ein Jugendlicher Hilfsarbeiter hat bei einem achtstündigem Arbeitstag 15 Minuten Frühstückspause und 45 Minuten Mittagspause.
3 Ein siebzehnjähriger Bauarbeiter erhält den gesetzlichen Mindesturlaub von 25 Tagen im Jahr.
4 Ein ungelernter jugendlicher Hilfsarbeiter wird im Akkord am Fließband eingesetzt.
5 Der Arbeitsbeginn für einen jugendlichen Arbeiter in einem Stahlwerk liegt bei 6 Uhr.

4 24 **In welchem Zeitraum dürfen schwangere Frauen und Mütter nach der Entbindung nicht gekündigt werden?**

1 6 Wochen vor und 4 Monate nach der Entbindung
2 6 Monate vor und 6 Monate nach der Entbindung
3 Während der Schwangerschaft und 4 Monate nach der Entbindung
4 Während der Schwangerschaft und 8 Wochen nach der Entbindung
5 6 Wochen vor und 8 Wochen nach der Entbindung

4 25 **Bei der Geburt eines Kindes werden vom Staat und den Krankenversicherungen zahlreiche zusätzliche Leistungen erbracht. Welche Leistung erbringt die Krankenkasse?**

1 Das Mutterschaftsgeld
2 Die Beiträge zur Rentenversicherung
3 Die Steuervergünstigungen
4 Das Erziehungsgeld
5 Die Anrechnung der Kindererziehungszeiten auf die Rente

4 26 **Welches Recht hat die Schwerbehindertenvertretung im Betrieb?**

1 Die Kündigung eines Schwerbehinderten ist nur mit Zustimmung der Schwerbehindertenvertretung möglich.
2 Sie hat bei jeder Entscheidung des Arbeitgebers, die sie betrifft, ein Mitbestimmungsrecht.
3 Die Schwerbehindertenvertretung kann an jeder Betriebsratssitzung mit vollem Stimmrecht teilnehmen.
4 Einen Betriebsratsbeschluß, der die Schwerbehinderten betrifft, kann die Schwerbehindertenvertretung für eine Woche außer Kraft setzen.
5 Die Schwerbehindertenvertretung kann nur auf Einladung des Betriebsrats an dessen Sitzungen teilnehmen.

Ungebundene Aufgaben

4 27 **Welche Unterlagen sollte der Arbeitssuchende der Bewerbung beifügen?**

1. ....
2. ....
3. ....
4. ....

4 28 **Für die Lohnrechnung und die Überweisung des Lohns benötigt der Arbeitgeber bei Beginn des Arbeitsverhältnisses bestimmte Unterlagen. Nennen Sie diese Unterlagen.**

1. ....
2. ....
3. ....

4 29 **Welche allgemeinen Verpflichtungen geht der Arbeitnehmer bei Abschluß des Arbeitsvertrages ein?**

1. ....
2. ....
3. ....
4. ....

4 30 **Erläutern Sie, warum trotz der gesetzlichen Vertragsfreiheit, die Inhalte der Arbeitsverträge nicht grundsätzlich frei bestimmbar sind. Nennen Sie eine Einschränkung bei den Vertragsinhalten.**

4 31 **Beschreiben Sie eine Maßnahme, die der Gesetzgeber zum Schutz des Arbeitsplatzes erlassen hat.**

4 32 **Ergänzen Sie den Text.**

1. Die .... Kündigung durch den Arbeitgeber bedarf bei Anwendung des allgemeinen Kündigungsschutz eines .... Grunds.
2. Bei jeder Kündigung ist vorher der .... anzuhören.
3. Glaubt der Arbeitnehmer, daß die Kündigung nicht gerechtfertigt ist, kann er innerhalb .... vor dem .... klagen.

4 33

Metallbau GmbH
– Personalabteilung –
45770 Marl

Zwischen der Metallbau GmbH, Marl (Arbeitgeber)
und Herrn A. Maier (Arbeitnehmer)
wird folgender Arbeitsvertrag abgeschlossen:

§ 1 Herr Maier wird ab dem 01.03.97 in der Schlosserei des Betriebes als Industriemechaniker eingestellt. Der Arbeitsinhalt ergibt sich aus der Stellenbeschreibung.

§ 2 Die Probezeit dauert vom 01.03. bis 01.10.97. Während der Probezeit kann das Arbeitsverhältnis von beiden Seiten fristlos ohne Angabe von Gründen gekündigt werden.

§ 3 Die Einstellung erfolgt unbefristet. Eine Kündigung nach der Probezeit kann in den ersten 2 Jahren des Arbeitsverhältnisses beiderseitig unter Einhaltung einer Kündigungsfrist von 6 Wochen erfolgen.

§ 4 Der Samstag ist arbeitsfrei. Die tägliche Arbeitszeit beginnt um 7.30 Uhr und endet um 18.30 Uhr. Die Mittagspause beträgt 30 Minuten.

§ 5 Der Jahresurlaub beträgt 24 Tage im Jahr. Abweichend hiervon wird im ersten Jahr der Urlaub auf 15 Tage festgelegt. In der Probezeit kann nur anteiliger Urlaub genommen werden.

§ 6 In der Probezeit wird ein Gehalt von 2.500 DM brutto vereinbart. Danach erhöht sich das Gehalt auf 2.800 DM.

Im übrigen gelten die gesetzlichen und tariflichen Bestimmungen.

Marl, den 25.02.97

Metallbau GmbH A. Maier

Welche vertraglichen Angaben verletzten die gesetzlichen Bestimmungen?

....

....

....

....

....

4 34

Warum gibt es zwei unterschiedliche Arten von Arbeitszeugnissen?

4 35

Welche Aussagen enthalten keinen Verstoß gegen das Jugendarbeitsschutzgesetz? (Mehrfachantworten möglich)

1. Die Arbeitsdauer beträgt 8 Stunden täglich und 48 Stunden in der Woche.
2. Einem Jugendlichen unter 17 Jahren stehen 27 Tage Urlaub zu.
3. Die wöchentliche Arbeitszeit wird von montags bis sonntags gerechnet.
4. Bei 5 Stunden Arbeit sind Pausen von 30 Minuten zu gewähren.
5. Arbeiten, die eine sittliche Gefährdung des Jugendlichen mit sich bringen, dürfen nur unter Aufsicht eines Erwachsenen ausgeführt werden.

4 36

Welche Vorteile genießt der Jugendliche an seinem Arbeitsplatz gegenüber einem erwachsenen Arbeitnehmer?

4 37

Begründen Sie, warum der Jugendliche für bestimmte Tätigkeiten im Betrieb nicht eingesetzt werden darf.

5 Tarifrecht

Verweis

Programmierte (gebundene) Aufgaben

5 01 **Welche Funktion erfüllt der Tarifvertrag nicht?**

1 Arbeitszeitverteilungsfunktion
2 Chancengleichheitsfunktion
3 Kündigungsschutzfunktion
4 Gewinnverteilungsfunktion
5 Ordnungsfunktion

☐

5 02 **Welches spezifische Grundrecht oder Gesetz ist Voraussetzung für den Abschluß eines Tarifvertrags?**

1 Das Kartellgesetz
2 Die Tarifautonomie
3 Das Betriebsverfassungsgesetz
4 Die Meinungsfreiheit
5 Das Mitbestimmungsgesetz

☐

5 03 **Kennzeichnen Sie die Anwort, in der die zeitliche Abfolge der Tarifauseinandersetzung im wesentlichen richtig beschrieben ist.**

1 Kündigung des alten Vertrags, Verhandlungen, Schlichtung, Streik, Aussperrung, neuer Vertrag.
2 Auslaufen des alten Vertrags, Streik, Schlichtung, neuer Vertrag
3 Auslaufen des alten Vertrags, Verhandlungen, Streik, Aussperrung, Schlichtung, neuer Vertrag
4 Kündigung des alten Vertrags, Schlichtung, Aussperrung, Streik, neuer Vertrag
5 Kündigung des alten Vertrags, Schlichtung, neuer Vertrag

☐

5 04 **Wer darf keinen Tarifvertrag abschließen?**

1 Die Gewerkschaften
2 Die Arbeitgeberverbände
3 Der Deutsche Gewerkschaftsbund
4 Die Deutsche Postgewerkschaft
5 Der einzelne Arbeitgeber

5 05 **Wann darf die Gewerkschaft zum Streik aufrufen?**

1 Nach dem Scheitern der Schlichtung und der erfolgreichen Urabstimmung
2 Nach dem Scheitern der Tarifverhandlungen und der erfolgreichen Urabstimmung
3 Nach dem Auslaufen des Tarifvertrags
4 Nach der Aussperrung durch die Arbeitgeber
5 Jederzeit, wenn die erforderliche Stimmenzahl bei der Urabstimmung erreicht wird

5 06 **Welche Aufgabe hat der Schlichter?**

1 Durch seine Verhandlungen soll er die Streikdauer verkürzen.
2 Er soll den Arbeitskampf durch seine Verhandlungen verhindern.
3 Als Vertreter des Staates hat er für einen angemessenen Tarifabschluß zu sorgen.
4 Er leitet alle Tarifverhandlungen.
5 Er überwacht den Arbeitskampf.

5 07 **Welcher Streik ist rechtlich unzulässig?**

1 Die ÖTV ruft ihre Mitglieder des öffentlichen Dienstes ohne Urabstimmung zu einem Streik auf.
2 Die IG Metall ruft nach der Beendigung der Friedenspflicht, während der Tarifverhandlung, zum Warnstreik auf.
3 Innerhalb des Unternehmens wird nur der Versand bestreikt.
4 Die IG Metall bestreikt nur ausgewählte Unternehmen im Tarifgebiet.
5 Nach der erfolgreichen Urabstimmung der Gewerkschaftsmitglieder in 40 % aller Betriebe im Tarifgebiet, werden alle Betriebe des Gebietes bestreikt.

5 08 **Welcher Streik ist rechtlich zulässig?**

1 Die Gewerkschaft Erziehung und Wissenschaft ruft ihre Mitglieder zum Streik auf, um politische Forderungen durchzusetzen.
2 Der DGB ruft zum Generalstreik auf.
3 Der Betriebsrat eines nichtbestreikten Betriebes unterstützt die gewerkschaftlichen Forderungen, indem er in dem Betrieb zum Streik aufruft.
4 Weil die Inflationsrate sehr stark angestiegen ist, ruft die Gewerkschaft innerhalb der Friedenspflicht zum Streik auf, um Lohnerhöhungen durchzusetzen.
5 Die Gewerkschaft bestreikt nur die Produktionsanlagen eines Unternehmens.

5 09 **Wie wird der Streik genannt, der nach dem Ablauf der Friedenspflicht, während der Tarifverhandlung ausgerufen werden kann?**

1 Schwerpunktstreik
2 Sympathiestreik
3 Warnstreik
4 Vollstreik
5 Unbefristeter Streik

☐

5 10 **Was ist den Streikposten nach dem Gesetz nicht erlaubt?**

1 Sie dürfen die arbeitswilligen Arbeitnehmer nur durch Überredung von der Arbeitsaufnahme abhalten.
2 Sie können den Betrieb so absperren, daß auch keine Notarbeiten mehr ausgeführt werden können.
3 Die Streikposten dürfen als Streikbeweis Plakate und Transparente vor dem Betrieb aufstellen.
4 Sie können vor dem Betrieb Versammlungen durchführen.
5 Die Streikposten dürfen öffentlich zur Arbeitsniederlegung aufrufen.

☐

5 11 **Welche Aussage zur Aussperrung ist richtig?**

1 Die Arbeitgeber dürfen während der Tarifverhandlung bei Warnstreiks die Arbeitnehmer aussperren.
2 Bei Schwerpunktstreiks dürfen die Arbeitgeberverbände in allen verbandsangehörigen Betrieben des Tarifgebietes aussperren.
3 Die zeitliche Ausdehnung der Aussperrung hat sich nicht nach der Dauer des Streiks zu richten.
4 Nichtorganisierte Arbeitnehmer dürfen auch ausgesperrt werden.
5 Die ausgesperrten Arbeitnehmer brauchen in der Regel nicht wieder eingestellt zu werden.

☐

5 12 **Wer erhält von der Gewerkschaft Streikgeld?**

1 Alle ausgesperrten Arbeitnehmer
2 Alle streikenden Gewerkschaftsmitglieder, die der Gewerkschaft mindestens drei Monate angehören.
3 Auch die Gewerkschaftsmitglieder der anderen Gewerkschaften, bei denen im Tarifgebiet aufgrund des Arbeitskampfes die Arbeit ausfällt
4 Alle streikenden Gewerkschaftsmitglieder, unabhängig von der Dauer der Gewerkschaftszugehörigkeit.
5 Alle Gewerkschaftsmitglieder, auch in anderen Tarifgebieten, die der Gewerkschaft mindestens drei Monate angehören und bei denen aufgrund des Arbeitskampfs die Arbeit ausfällt

☐

5 13 **Während des Arbeitskampfs sperren die Arbeitgeber im Tarifgebiet die Arbeitnehmer aus. Welche finanzielle Unterstützung erhalten nichtorganisierte Arbeitnehmer?**

1 Sozialhilfe
2 Streikgeld
3 Arbeitslosenhilfe
4 Kurzarbeitergeld
5 Arbeitslosengeld

☐

5 14 **Was ist unter der Allgemeinverbindlichkeitserklärung zu verstehen?**

1 Der Tarifvertrag ist auf alle Gewerkschaftsmitglieder des Industriezweiges im Bundegebiet anzuwenden.

2 Die Erklärung wird vom Bundesminister für Wirtschaft jedes Jahr neu für die Außenwirtschaft erlassen.

3 Durch die Erklärung sind alle Arbeitgeber des Bundesgebiets, die einem Arbeitgeberverband angehören, verpflichtet, die Tarifverträge einzuhalten.

4 Durch die Allgemeinverbindlichkeitserklärung des Bundesministers für Arbeit können gesetzliche Arbeitsbestimmungen außer Kraft gesetzt werden.

5 Durch die Erklärung wird der Tarifvertrag auf alle Arbeitsverhältnisse des Industriezweigs im Tarifgebiet ausgedehnt.

☐

5 15 **Was wird in dem Rahmentarifvertrag geregelt?**

1 Die Entgeltgruppeneinteilung

2 Die Lohnhöhe

3 Die Urlaubsdauer

4 Die Arbeitszeit

5 Die rechtlichen Bedingungen für den Abschluß des Lohntarifvertrags

☐

5 16 **Welche Aussage zu den Tarifverträgen ist richtig?**

1 Die Tarifverträge müssen nicht in das Tarifregister eingetragen werden.

2 Die Lohntarifverträge haben in der Regel eine Laufzeit von drei Jahren.

3 In die Tarifverträge darf der Staat nicht durch Gesetze eingreifen.

4 Im Lohntarifvertrag wird auch die Lohngruppeneinteilung festgelegt.

5 Die Tarifverträge können jederzeit von der Gewerkschaft aufgelöst werden.

☐

Ungebundene Aufgaben

5 17 **Nennen Sie die fünf Funktionen, die die Tarifverträge in unserer heutigen Wirtschaftsordnung erfüllen.**

1. ....

2. ....

3. ....

4. ....

5. ....

5 18 **Welche zwei spezifischen Grundrechte sind Voraussetzung für den Abschluß der Tarifverträge? Erklären Sie die Grundrechte kurz.**

1. ....

....

....

2. ....

....

....

5 19 Beschreiben Sie mögliche Nachteile des Arbeitnehmers, wenn es keine Tarifverträge gäbe.

5 20 Beschreiben Sie in Stichworten den zeitlichen Ablauf der Tarifverhandlungen unter Einbeziehung des Arbeitskampfes.

...

...

...

...

5 21 Welche Tarifvertragsparteien existieren auf der Arbeitnehmerseite?

Welche existieren auf der Arbeitgeberseite?

...

...

...

...

5 22 Begründen Sie, warum es unterschiedliche Formen von Tarifverträgen gibt.

5 23 Erläutern Sie, was man unter der Tarifautonomie versteht.

5 24 Warum gibt es beim Arbeitskampf Regeln? Nennen und erläutern Sie eine dieser Regeln.

5 25 Welchen Nachteil kann ein vom Arbeitskampf betroffener Arbeitnehmer erfahren, der nicht gewerkschaftlich organisiert ist?

6 Mitbestimmung der Arbeitnehmer

Verweis

Programmierte (gebundene) Aufgaben

6 01 **Welches Ziel steht hauptsächlich hinter der betrieblichen Mitbestimmung?**

1 Die Beteiligung der Arbeitnehmer an den Gewinnen der Arbeitgeber

2 Die Verdrängung der Arbeitgeber aus dem betrieblichen Entscheidungsprozeß

3 Die Gleichbehandlung von Arbeitgeber- und Arbeitnehmerinteressen bei Entscheidungen

4 Die Überführung des Unternehmens in das Kollektiveigentum der Arbeitnehmer des Betriebs

5 Die Sicherung der Arbeitsplätze der Gewerkschaftsmitglieder

☐

6 02 **Wann setzten die erstarkten Arbeiterparteien die Einrichtung von Betriebsräten in Betrieben und Verwaltungen durch?**

1 In der Weimarer Republik
2 Nach dem Zweiten Weltkrieg
3 Im 19. Jahrhundert
4 Während der Nationalsozialistischen Zeit
5 Zwischen 1900 und 1914

6 03 **Wann wurde die erste Form des heutigen Betriebsverfassungsgesetzes erlassen?**

1 1949
2 1976
3 1952
4 1972
5 1920

6 04 **Kennzeichnen Sie die richtige Aussage zum Betriebsverfassungsgesetz.**

1 In Betrieben mit mindestens 3 wahlberechtigten Arbeitnehmern müssen laut Gesetz Betriebsräte gebildet werden.
2 Ausländische Arbeitnehmer zählen nicht zu den Wahlberechtigten.
3 In städtischen Verwaltungen können auch bei mehr als 5 Arbeitnehmern keine Betriebsräte gebildet werden.
4 Auch leitende Angestellte, die Gewerkschaftsmitglieder sind, zählen zu den wahlberechtigten Arbeitnehmern.
5 Zur Bildung eines Betriebsrats muß der Arbeitgeber die Erlaubnis erteilen.

6 05 **Wer kann nicht durch einen Betriebsrat vertreten werden?**

1 Der kaufmännische Angestellte in einem Betrieb mit 10 Beschäftigten
2 Die Sozialpädagogin beim Diakonischen Werk
3 Der Schichtmeister in einem Stahlwerk
4 Der Hilfsarbeiter im Baugewerbe
5 Der Auszubildende im Elektrokonzern

6 06 **Was ist dem Betriebsrat nicht erlaubt?**

1 Die Überwachung der Unfallvorschriften
2 Die Anrufung des Arbeitsgerichts bei einer Verletzung der Betriebsvereinbarung durch den Arbeitgeber
3 Die Kooperation mit dem Arbeitgeber zum Wohle des Betriebs
4 Die Kontrolle der Einhaltung der gesetzlichen Arbeitsrechtsbestimmungen im Betrieb
5 Die Einladung von Parteifunktionären zur Betriebsversammlung, um sie bei der Landtagswahl zu unterstützen

6 07 **Bestimmen Sie die falsche Aussage zur Betriebsratstätigkeit.**

1 Ein Betriebsratsmitglied darf aufgrund seiner Tätigkeit nicht benachteiligt werden.
2 Die Betriebsratsmitglieder werden als leitende Angestellte bezahlt.
3 Die Betriebsratstätigkeiten außerhalb der normalen Arbeitszeit werden auf die Arbeitszeit angerechnet.
4 Ab 300 Arbeitnehmern muß mindestens ein Betriebsratsmitglied freigestellt werden.
5 Der Betriebsratsvorsitzende hat das gleiche Stimmrecht, wie alle anderen Betriebsratsmitglieder.

6 08 **Kennzeichen Sie die richtige Antwort zur Betriebsratswahl.**

1 Die Wahl findet alle 4 Jahre vom 1. März bis 31. Mai statt.
2 Wahlberechtigt sind alle Arbeitnehmer über 18 Jahre, die dem Betrieb mindestens 6 Monate angehören.
3 Angestellte und Arbeiter wählen ihre Vertreter generell in gemeinsamen Wahlgängen.
4 Die Kosten der Wahl hat die im Betrieb vertretene Gewerkschaft zu tragen.
5 Die Betriebsratswahl kann nur vom Arbeitgeber innerhalb von zwei Wochen angefochten werden.

6 09 **Wen bezeichnet man als Betriebsobmann?**

1 Die Person, die als einzige den Betriebssrat repräsentiert
2 Den Betriebsratsvorsitzenden in Unternehmen mit mindestens 1 000 Beschäftigten
3 Den Vorsitzenden der Vertrauensleute
4 Den Vorsitzenden der Gewerkschaftsbeauftragten
5 Den Sicherheitsbeauftragten in Kleinbetrieben

6 10 **Was ist ein Betriebsausschuß?**

1 Der Betriebsausschuß vermittelt zwischen Vertrauensleuten und Betriebsführung.
2 Er überwacht in Vertretung für die Berufsgenossenschaft die Unfallverhütungsvorschriften.
3 Er fällt die Entscheidungen des Betriebsrats.
4 Er führt in Vertretung für den gesamten Betriebsrat die laufenden Geschäfte.
5 Der Betriebsausschuß wird von den Arbeitnehmern des Betriebes gewählt, um Betriebsausflüge zu organisieren.

6 11 **Wovon ist die Größe des Betriebsrats abhängig?**

1 Vom Umsatz des Unternehmens
2 Von der Anzahl, der im Betrieb beschäftigten Angestellten
3 Von der durchschnittlichen Anzahl, der im Betrieb beschäftigten Arbeitnehmer, einschließlich der Auszubildenden
4 Von der Anzahl der Arbeitnehmer, die zum Wahlzeitpunkt dem Betrieb länger als 6 Monaten angehören
5 Von der Anzahl der zum Wahlzeitpunkt im Betrieb beschäftigten wahlberechtigten Arbeitnehmer

6 12 **Wer darf einmal gefaßte Beschlüsse des Betriebsrats nicht für eine Woche außer Kraft setzen?**

1 Die Vertrauensleute
2 Die Schwerbehindertenvertretung
3 Die Jugend- und Auszubildendenvertretung
4 Die Angestelltenvertreter im Betriebsrat
5 Die Gewerkschaften

6 13 **Welche Aussage zur Betriebsversammlung entspricht dem Betriebsverfassungsgesetz?**

1 Die im Betrieb vertretenen Gewerkschaften dürfen nicht an der Betriebsversammmlung teilnehmen.
2 Der Betriebsrat hat nicht die Möglichkeit bei besonderen Anlässen mehr als eine Betriebsversammlung im Quartal durchzuführen.
3 Die Betriebsversammlung wird vom Arbeitgeber einberufen.
4 Die Betriebsversammlung ist während der Arbeitszeit durchzuführen.
5 Die Betriebsversammlung ist öffentlich.

6 14 **Unter welcher Bedingung kann der gesamte Betriebsrat abgesetzt werden?**

1 Auf Antrag des Arbeitgebers durch das Sozialgericht
2 Wenn mindestens 25 % der Arbeitnehmer in einer Abstimmung dafür sind.
3 Auf Antrag der im Betrieb vertretenen Gewerkschaft, durch das Arbeitsgericht am Sitz des Unternehmens
4 Durch Mehrheitsbeschluß aller Vertrauensleute des Betriebes
5 Auf Antrag einer im Betriebsrat vertretenen Fraktion von Arbeitern oder Angestellten beim zuständigen Arbeitsgericht

6 15 **Bestimmen Sie die richtige Antwort zum Kündigungsschutz der Betriebsratsmitglieder.**

1 Die außerordentliche Kündigung eines Betriebsratsmitglieds ist nur mit Zustimmung des Betriebsrats möglich.
2 Die außerordentliche Kündigung ist nur während der Amtszeit nicht möglich.
3 Der besondere Kündigungsschutz der Betriebsratsmitglieder gilt auch noch drei Jahre nach der Amtszeit weiter.
4 Eine ordentliche Kündigung ist bis zu drei Jahren nach der Amtszeit des Betriebsratsmitgliedes nicht möglich.
5 Ein Betriebsratsmitglied darf prinzipiell bis zu einem Jahr nach seiner Betriebsratstätigkeit nicht fristlos gekündigt werden.

6 16 **Welche Aussage zu den Beteiligungsrechten des Betriebsrats ist falsch?**

1 Der Betriebsrat muß bei wichtigen wirtschaftlichen Entscheidungen des Vorstands unterrichtet werden.
2 Im sozialen Entscheidungsbereich hat der Betriebsrat weitgehende Mitbestimmungsrechte.
3 Hat der Betriebsrat ein Mitwirkungsrecht, so ist die Gültigkeit einer Entscheidung des Arbeitgebers von der Zustimmung des Betriebsrates abhängig?
4 Zu den passiven Beteiligungsrechten gehört das Vorschlags- und Beratungsrecht.
5 Bei Streitigkeiten zwischen dem Arbeitgeber und dem Betriebsrat kann die betriebliche Einigungsstelle Entscheidungen fällen.

6 17 **In welchem Fall hat der Betriebsrat kein Mitbestimmungsrecht?**

1 Bei der Festlegung der Akkordsätze
2 Bei der Art und Weise der Auszahlung des Entgeltes
3 Bei der Umstellung von Zeitlohn auf Akkordlohn
4 Bei der Festlegung der Entgeltgruppeneinteilung
5 Bei der Zahlung der Erschwerniszulage

6 18 **Welches Recht hat der Betriebsrat bei der Aufstellung der Urlaubspläne?**

1 Ein Anhörungsrecht
2 Ein Zustimmungsverweigerungsrecht
3 Ein Beratungsrecht
4 Ein Informationsrecht
5 Ein Initiativrecht

6 19 **Welches Recht hat der Betriebsrat nicht bei der Einstellung von Arbeitnehmern?**

1 Ein Mitbestimmungsrecht bei der inhaltlichen Gestaltung der Personalbögen
2 Ein Mitbestimmungsrecht bei den Auswahlrichtlinien für die Bewerbung
3 Die Einsichtnahme in die Bewerbungsunterlagen
4 Ein Mitbestimmungsrecht bei der Einstellung der leitenden Angestellten
5 Das Unterrichtungsrecht über die Anzahl der Neueinstellungen

6 20 **In einem Betrieb mit 240 Beschäftigten soll aufgrund der schlechten Auftragslage ein Drittel der Belegschaft entlassen werden. Was kann der Betriebsrat tun?**

1 Nach dem Arbeitsplatzschutzgesetz kann er auf der Weiterbeschäftigung aller Arbeitnehmer bestehen.
2 Durch einen Streik kann der Betriebsrat versuchen, die Arbeitsplätze zu retten.
3 Durch die Erstellung eines Sozialplanes kann er versuchen, die finanzielle und berufliche Notlage der zur Entlassung anstehenden Arbeitnehmer zu lindern.
4 Durch eine Klage beim Arbeitsgericht kann der Betriebsrat die Kündigungen verhindern.
5 Der Betriebsrat kann die Arbeitnehmer zwingen auf halbe Arbeitsstellen zu gehen, damit niemand entlassen werden muß.

6 21 **Finden Sie die richtige Zuordnung von Aufgabenbereich und Beteiligungsrecht des Betriebsrats.**

1 Ausgestaltung der Arbeitsplätze (Zustimmungsverweigerungsrecht)
2 Einführung von Torkontrollen (Anhörungsrecht)
3 Aufstellung eines Sozialplanes (Vorschlagsrecht)
4 Umstellung von Zeitlohn auf Akkordlohn (Zustimmungsverweigerungsrecht)
5 Errichtung neuer Anlagen (Mitbestimmungsrecht)

6 22 **Welche Aussage zur Betriebsvereinbarung ist falsch?**

1 Die Betriebsvereinbarung kann nur mit einer Dreimonatsfrist gekündigt werden.
2 Der Arbeitgeber und der Betriebsrat müssen die Vereinbarung unterschreiben.
3 Betriebsvereinbarungen müssen ähnlich dem Tarifregister beim Bundeswirtschaftsministerium in die Betriebsrolle eingetragen werden.
4 Betriebsvereinbarungen können tarifliche Bestimmungen nicht außer Kraft setzen.
5 Die Betriebsvereinbarung ist bindendes Recht für den einzelnen Betrieb.

6 23 **Wer darf nicht an der Wahl zur Jugend- und Auszubildendenvertretung (JAV) teilnehmen?**

1 Der siebzehnjährige Arbeitnehmer
2 Der zwanzigjährige Auszubildende
3 Der vierundzwanzigjährige Auszubildende
4 Der zweiundzwanzigjährige Arbeitnehmer
5 Alle jugendlichen Arbeitnehmer

6 24 **Die Jugend- und Auszubildendenvertretung (JAV) möchte eine Fortbildung für alle Jugendlichen in der Arbeitszeit durchführen. Wie muß sie vorgehen?**

1 Sie muß mit dem Arbeitgeber über die Genehmigung verhandeln.
2 Die kann die Fortbildung auch ohne Genehmigung durchführen.
3 Die JAV darf nicht direkt mit dem Arbeitgeber verhandeln. Der Betriebsrat muß anstelle der JAV den Antrag auf Genehmigung der Fortbildung stellen.
4 Die JAV braucht nur eine Genehmigung des Ausbilders.
5 Die JAV darf keine Fortbildungen beantragen.

☐

6 25 **Welches Recht hat der Arbeitnehmer nicht?**

1 Das Recht auf die Einsicht in seine Personalakte
2 Das Recht auf die Erläuterung der Lohnabrechnung
3 Das Beschwerderecht beim Vorgesetzten
4 Das Informationsrecht über seine berufliche Leistung
5 Das Mitbestimmungsrecht auf die Ausgestaltung seines Arbeitsplatzes

☐

6 26 **Was versteht man unter der Unternehmensmitbestimmung nach dem Mitbestimmungsgesetz?**

1 Die Mitbestimmung der Arbeitnehmer im Aufsichtsrat von AG, KGaA und GmbH ab 500 Beschäftigte
2 Die Vertretung der Belegschaftsaktionäre durch die Arbeitnehmervertreter im Aufsichtsrat
3 Die Beteiligung des Betriebsrats an Entscheidungen des Vorstandes
4 Die Arbeitnehmervertreter stellen ein Drittel der Aufsichtsratsmandate.
5 Zusätzlich zur Beteiligung der Arbeitnehmervertreter im Aufsichtsrat muß ein Arbeitsdirektor in den Vorstand des Unternehmens gewählt werden.

☐

6 27 **In welchem Unternehmen gibt es keinen Arbeitsdirektor?**

1 Aktiengesellschaften des Montanbereichs mit 1 000 Arbeitnehmern
2 Bergwerk mit 3 000 Arbeitnehmern
3 Gesellschaft mit beschränkter Haftung und 600 Arbeitnehmern
4 Gesellschaft mit beschränkter Haftung und 2 000 Arbeitnehmern
5 Aktiengesellschaft mit 2 000 Arbeitnehmern

☐

6 28 **Wann wurde das Mitbestimmungsgesetz erlassen?**

1 1976
2 1951
3 1952
4 1949
5 1980

☐

6 29 **Welche Besetzung des Aufsichtsrats nach dem Mitbestimmungsgesetz ist richtig?**

1 Alle Mitglieder des Aufsichtsrates werden durch die Hauptversammlung der Aktionäre bestimmt.
2 Die Aufsichtsratsmitglieder sind zur Hälfte Arbeitnehmervertreter.
3 Die Vertreter der leitenden Angestellten werden von der Hauptversammlung gewählt.
4 Der neutrale Vorsitzende wird vom Arbeitsgericht bestimmt.
5 Ein Drittel des Aufsichtsrates sind Arbeitnehmervertreter.

☐

Ungebundene Aufgaben

6 30 **Welche Personen in einem Unternehmen werden nicht vom Betriebsrat vertreten?**

....

....

6 31 **In einem Unternehmen sind folgende Personen beschäftigt:**

Person	A	B	C	D	E
Alter (Jahre): Betriebszugehörigkeit: Nationalität: Stellung im Betrieb:	40 15 Jahre Deutsch Leiter der Personalabtlg.	16 6 Monate Deutsch Arbeiter	20 2 Jahre Türkisch Azubi	33 3 Wochen Deutsch Angestellter	28 9 Monate Griechisch Industrie-mechaniker

Welche Personen dürfen

1. an der Betriebsratswahl teilnehmen?

....

2. in den Betriebsrat gewählt werden?

....

3. an der Wahl zur Jugend- und Auszubildendenvertretung teilnehmen?

....

6 32 **Warum können leitende Angestellte nicht an den Betriebsratswahlen teilnehmen?**

6 33 **Warum darf der Betriebsrat nicht zum Streik aufrufen?**

6 34 **Erklären Sie zwei Bedingungen, die eine freie und ungezwungene Ausübung des Betriebsratsmandats ermöglichen.**

6 35 **Welches Recht haben die Minderheitsfraktionen im Betriebsrat, wenn sie bei Entscheidungen überstimmt werden?**

....

....

....

6 36 **Die Betriebsversammlung dient der Information der Belegschaft. Wer hat die Pflicht, der Belegschaft Auskunft zu geben? Nennen Sie die Informationen, die erteilt werden müssen.**

1. ....

....

2. ....

....

6 37 **Welche Aufgaben haben die gewerkschaftlichen Vertrauensleute im Betrieb?**

6 38 **Ergänzen Sie den Text.**

Die .... Kündigung eines Betriebsratsmitgliedes ist grundsätzlich unzulässig. Der Schutz gilt bis .... nach der Amtszeit. Die .... Kündigung ist zulässig, bedarf aber der Zustimmung durch den ....

6 39

1. Wie ist die betriebliche Einigungsstelle (Schiedsstelle) besetzt?

   ....

2. Welche Aufgabe hat die Schiedsstelle im Betrieb?

   ....

6 40 **Welche Möglichkeiten hat der Betriebsrat, um größere Rationalisierungsmaßnahmen sozialverträglich zu gestalten?**

6 41 **Erläutern Sie Möglichkeiten des Betriebsrates, um auf die Gestaltung der Entlohnung Einfluß zu nehmen.**

6 42 **Welche beiden Bedingungen müssen vorliegen, damit eine Jugend- und Auszubildendenvertretung eingerichtet werden kann?**

1. ....
2. ....

6 43 **Warum kann die Jugend- und Auszubildendenvertretung nicht direkt mit dem Arbeitgeber verhandeln?**

6 44 **Welche Arbeitsrechte hat jeder Arbeitnehmer? Mehrfachantworten sind möglich.**

1. Das Recht auf Einsicht in seine Personalakte
2. Das Recht auf unbezahlten Urlaub
3. Das Unterrichtungsrecht über seine berufliche Leistung
4. Das Recht auf eigene Verwertung von Erfindungen, die während der Arbeitszeit gemacht wurden
5. Das Recht auf Erläuterung der Berechnung seiner Lohn- und Gehaltsabrechnung

6 45 **Aus welchen Gründen ist die Unternehmensmitbestimmung nach dem Mitbestimmungsgesetz von 1976 nicht paritätisch zwischen den Arbeitgebervertretern und den Arbeitnehmervertretern aufgebaut?**

1. ....

   ....

2. ....

   ....

6 46 **In welchem Wirtschaftsbereich ist die Unternehmensmitbestimmung am weitesten gediehen? Erläutern Sie diese Mitbestimmungsform.**

7 Gesetzliche Sozialversicherungen

Verweis

Programmierte (gebundene) Aufgaben

7 01 **Welche gesetzliche Sozialversicherung wurde in der Weimarer Republik gegründet?**

1 Die Unfallversicherung
2 Die Rentenversicherung
3 Die Arbeitslosenversicherung
4 Die Invaliditätsversicherung
5 Die Krankenversicherung

☐

7 02 **Nach welchem Prinzip sind alle gesetzlichen Sozialversicherungen aufgebaut?**

1 Nach dem Prinzip des Generationenvertrags.
2 Nach dem sozialethischen Prinzip „Einer für alle, alle für einen".
3 Nach dem Maximalprinzip, um dem Versicherten den höchstmöglichen Lebensstandard zu ermöglichen.
4 Wer mehr einzahlt, erhält auch mehr an Leistungen.
5 Nach dem Risikoprinzip: Je höher die Gefährdung einer Gruppe, desto höher die Beiträge.

☐

7 03 **Ab wieviel Beschäftigten darf ein Unternehmen eine Betriebskrankenkasse gründen?**

1 Ab 2 000 Arbeitnehmern
2 Ab 500 Arbeitnehmern
3 Ab 20 Arbeitnehmern
4 Ab 150 Arbeitnehmern
5 Ab 1 000 Arbeitnehmern

☐

7 04 **Was wird unter dem Selbstverwaltungsprinzip verstanden?**

1 Die Versicherten verwalten die Sozialversicherungen unter eigener Regie.

2 Die gewählten Organe der Versicherungen setzen sich je zur Hälfte aus Arbeitgeber- und Arbeitnehmervertreter zusammen.

3 Die Beamten der Versicherungen unterstehen alleine dem Bundesgesundheitsministerium.

4 Die gewählten Verwaltungen der Sozialversicherungen beschließen die Sozialgesetze.

5 Die Arbeitgeber verwalten die Sozialversicherungen ohne Einflußnahme durch den Staat.

☐

7 05 **Kennzeichnen Sie die richtige Antwort zur Sozialversicherungswahl.**

1 Die Wahl findet alle vier Jahre statt.

2 Die gewählten Vertreter sind hauptberuflich bei den Versicherungen angestellt.

3 Jeder Versicherte über 18 Jahre darf wählen.

4 Die Wahl findet alle sechs Jahre statt.

5 Nur die Versicherten der allgemeinen Ortskrankenkassen sind wahlberechtigt.

☐

7 06 **Bestimmen Sie die Leistung, die nicht von der gesetzlichen Krankenversicherung erbracht wird.**

1 Die Vorsorgeuntersuchungen bei Kindern bis zum 6. Lebensjahr.

2 Die Erstattung der Arzneimittelkosten bis zum Festbetrag

3 Die Zahlung aller Kosten eines Krankenhausaufenthaltes

4 Eine allgemeine Vorsorgeuntersuchung alle zwei Jahre ab dem 35. Lebensjahr

5 Die Zahlung des Krankengeldes

☐

7 07 **Welche Aussage zu den Leistungen der Krankenkasse ist richtig?**

1 Das Krankengeld wird für dieselbe Krankenheit höchstens 104 Wochen gezahlt.

2 Das Sterbegeld ist abhängig von der Höhe der gezahlten Beiträge.

3 Alle Leistungen der gesetzlichen Krankenkassen werden ohne Zuzahlungen der Versicherten gewährt.

4 Das Mutterschaftsgeld wird sechs Wochen vor und sechs Wochen nach der Entbindung gezahlt.

5 In Härtefällen können die Versicherten von den Zuzahlungen zu den Leistungen der Krankenkasse ausgenommen werden.

☐

7 08 **Wie werden die gesetzlichen Krankenkassen finanziert?**

1 Der Arbeitnehmer trägt allein den Versicherungsbeitrag von 7 %.

2 Der maximale Versicherungsbeitrag errechnet sich nach der Einkommensbemessungsgrenze.

3 Der Arbeitgeber trägt allein den Versicherungsbeitrag von 14 %.

4 Der Arbeitgeber und der Arbeitnehmer tragen je zur Hälfte den Versicherungsbeitrag von 18 bis 19 %.

5 Der Versicherungsbeitrag ist unabhängig von der Höhe des Einkommens.

☐

7 09 **Welche Aussage zur Pflegeversicherung ist richtig?**

1 Der Beitrag für den Arbeitnehmer zur Pflegeversicherung beträgt 1,7 % des Bruttoverdienstes.

2 Es besteht immer die Möglichkeit, zwischen gesetzlicher und privater Pflegekasse zu wählen.

3 Die Pflegebedürftigkeit wird von dem medizinischen Dienst der Rentenversicherungen überprüft.

4 Rentner müssen auch in die Pflegeversicherung einzahlen.

5 Der maximale Beitrag zur Pflegeversicherung für den Arbeitnehmer beträgt 30 DM.

☐

7 10 **Kennzeichnen Sie die richtige Aussage zu den Leistungen der Pflegeversicherung.**

1 Die Höhe der Leistungen ist unabhängig von der Pflegestufe.

2 Bei der stationären Pflege übernimmt die Pflegekasse die gesamten Kosten, also auch die Kosten für Unterbringung im Pflegeheim.

3 Bevor die Pflegeversicherung Leistungen erbringt, muß der Grad der Pflegebedürftigkeit festgestellt werden.

4 Bei den Leistungen hat der Versicherte keine Kombinationsmöglichkeit zwischen Sach- und finanziellen Leistungen.

5 Bei Sachleistungen übernimmt die Pflegekasse Kosten bis zur Höhe von 10 000 DM.

☐

7 11 **In welchem Fall wird von der Unfallversicherung keine Leistung erbracht?**

1 In der Werkskantine bricht sich Herr Schulze ein Bein.

2 Herr Müller ist auf dem Weg zur Arbeit. Auf dem Parkplatz vor dem Werksgelände rutscht er aus und zieht sich eine Gehirnerschütterung zu.

3 Frau Meier bringt vor der Arbeit ihr Kind in den Kindergarten. Auf der Fahrt dorthin wird sie in einen Unfall verwickelt und verletzt.

4 Bei der ersten Hilfe am Unfallort wird ein Helfer von einem nachfolgenden Auto erfaßt und getötet.

5 Während der Mittagspause nutzt ein Arbeitnehmer die Zeit zum Einkaufen und bricht sich auf dem Rückweg von dem Geschäft ein Bein.

☐

7 12 **Kennzeichnen Sie die richtige Aussage zu der Finanzierung der gesetzlichen Unfallversicherung.**

1 Der Beitrag wird je zur Hälfte vom Arbeitnehmer und Arbeitgeber getragen.

2 Der Arbeitgeber trägt den Beitrag alleine.

3 Die Höhe des Beitrags ist allein vom Verdienst des versicherten Arbeitnehmers abhängig.

4 Der Versicherungsbeitrag für die Arbeitnehmer in chemischen Unternehmen ist stets gleich.

5 Die Beiträge werden an die Industrie- und Handelskammern oder Innungen abgeführt.

☐

7 13 **Welche Leistung wird von der Unfallversicherung erbracht?**

1 Altersrente, Berufshilfe, Verletztengeld

2 Überprüfung der Unfallverhütungsvorschriften, Berufshilfen, Arbeitslosenhilfe

3 Berufshilfen, Hinterbliebenenrente, Verletztengeld

4 Rehabilitationsmaßnahmen nach einem Herzinfarkt, Witwenrente, Heilbehandlungen

5 Arbeitslosenhilfe, Erlaß der Unfallverhütungsvorschriften, Unterhaltsgeld

☐

7 14 **Was wird unter der Dynamisierung der Rente verstanden?**

1 Die Leistung der Versicherung wird ständig der medizinischen Entwicklung angepaßt.
2 Die Erhöhung der Rente wird der Inflationsrate angepaßt.
3 Die Erhöhung der Rente ist mit der allgemeinen Lohnentwicklung gekoppelt.
4 Die Renten steigen jährlich um 2 %.
5 Durch zusätzliche Beitragszahlungen kann die Dauer der Rentenzahlungen verlängert werden.

☐

7 15 **Welche Behauptung zu den Trägern der Rentenversicherungen ist richtig?**

1 Die Angestellten sind bei den Landesversicherungsanstalten versichert.
2 Die Beamten sind bei der Bundesversicherungsanstalt der Angestellten versichert.
3 Die Organe der Versicherungsträger, Vorstand und Vertreterversammlung, setzen sich je zur Hälfte aus Arbeitgeber- und Arbeitnehmervertretern zusammen.
4 Die Landesversicherungsanstalt für Arbeiter ist bundesweit für alle Arbeiter zuständig.
5 Die Versicherungsträger sind privatrechtliche Körperschaften.

☐

7 16 **Wann kann eine Arbeitnehmerin oder ein Arbeitnehmer das volle Altersruhegeld beziehen?**

1 Männer ab 60 Jahren
2 Männer und Frauen ab 60 Jahren
3 Männer und Frauen ab 65 Jahren
4 Männer ab 63 Jahren
5 Frauen ab 60 Jahren und Männer ab 65 Jahren

☐

7 17 **Kennzeichnen Sie die richtige Antwort zur Rentenversicherung.**

1 Die Fehlbeträge der Rentenversicherungen müssen durch die anderen gesetzlichen Sozialversicherungen ausgeglichen werden.
2 Die Leistungen der Rentenversicherung sind abhängig von der Dauer der Beitragszahlungen.
3 Nach dem 65. Lebensjahr wird das Altersruhegeld (Rente) automatisch ausgezahlt.
4 Der Beitrag zur Rentenversicherung für den Arbeitnehmer beträgt ungefähr 18–19 % des Bruttolohns, der maximal von der Beitragsbemessungsgrenze abezogen werden kann.
5 Die Kindererziehungszeiten werden nicht auf die Wartezeit zur Rentenversicherung angerechnet.

☐

7 18 **Auf welcher Grundlage basiert die Arbeitslosenversicherung?**

1 Dem Arbeitsplatzschutzgesetz
2 Dem Arbeitsförderungsgesetz
3 Dem Sozialgesetzbuch
4 Dem Beschäftigungsförderungsgesetz
5 Dem Bundesausbildungsförderungsgesetz

☐

7 19 **Wer ist in der Arbeitslosenversicherung pflichtversichert?**

1 Alle Arbeiter und Angestellten
2 Alle Beamten
3 Die Selbständigen
4 Die Rentner
5 Die Schüler

☐

7 20 **Welche Leistung des Arbeitsamts ist abhängig von der Bedürftigkeit des Leistungsempfängers?**

1 Das Kurzarbeitergeld
2 Das Arbeitslosengeld
3 Das Schlechtwettergeld
4 Die Arbeitslosenhilfe
5 Das Wintergeld

7 21 **Welche Leistung wird nicht direkt von der Arbeitslosenversicherung finanziert?**

1 Das Kurzarbeitergeld
2 Das Arbeitslosengeld
3 Das Schlechtwettergeld
4 Die Arbeitslosenhilfe
5 Das Wintergeld

7 22 **Wie hoch ist das Arbeitslosengeld eines alleinstehenden Arbeitnehmers?**

1 63 % des „Nettoverdienstes"
2 57 % des „Nettoverdienstes"
3 60 % des „Nettoverdienstes"
4 67 % des „Nettoverdienstes"
5 50 % des „Nettoverdienstes"

7 23 **Welche Aussage zum Arbeitslosengeld ist falsch?**

1 Jeder Arbeitnehmer, der in den letzten drei Jahren mindestens 360 Tage Versicherungsbeiträge gezahlt hat, hat Anspruch auf Arbeitslosengeld.
2 Das Arbeitslosengeld wird für mindestens 180 Tage gezahlt.
3 Bei fristlosen Kündigungen erfolgt eine Sperrfrist beim Arbeitslosengeld.
4 Bei der Sperrung des Arbeitslosengeldes kann der Versicherte Sozialhilfe erhalten.
5 Vom Arbeitslosengeld werden noch die Beiträge zur gesetzlichen Kranken- und Rentenversicherung abgezogen.

Ungebundene Aufgaben

7 24 **Welche zwei Möglichkeiten zur Erhöhung der Krankenkassenbeiträge bestehen?**

1. ....

2. ....

7 25 **Nennen und erläutern Sie zwei Gründe, die dafür verantwortlich sind, daß die freiwilligen Leistungen der gesetzlichen Krankenkassen immer weiter reduziert werden.**

7 26 **Warum hat der Staat das Prinzip der Pflichtversicherung bei den Sozialversicherungen eingeführt?**

7 27 **Warum war es notwendig geworden, die Pflegeversicherung einzuführen?**

7 28 **Welche Leistungen werden von den Krankenkassen erbracht?**

1. Sterbegeld
2. Übergangsgeld
3. Krankengeld
4. Umschulung
5. Verletztengeld
6. Heilmittel (Massagen, Kuren)

7 29 **Was versteht man unter dem Selbstverwaltungsprinzip?**

7 30 **Erklären Sie das Prinzip Prävention geht vor Leistungserstattung an einem Beispiel.**

7 31 **Definieren Sie den Begriff Generationenvertrag.**

....

....

....

7 32 **Erläutern Sie das Prinzip des Generationenvertrages und nennen Sie einen Grund, der diesen Vertrag gefährdet.**

7 33 **Ergänzen Sie den Text.**

Ein Anrecht auf Arbeitslosengeld haben die Arbeitslosen, die in vergangenen .... Jahren mindestens .... Kalendertage versicherungspflichtig beschäftigt waren. Das .... wird für witterungsbedingten Arbeitsausfall in der Winterzeit gezahlt. Beide Leistungen des Arbeitsamtes betragen zwischen .... % und .... % des .... verdienstausfalles.

7 34 **Nennen Sie fünf Leistungen der Bundesanstalt für Arbeit nach dem Arbeitsförderungsgesetz.**

1. ....
2. ....
3. ....
4. ....
5. ....

7 35 **Welche Leistungen kann ein Arbeitnehmer erwarten, wenn er sich beim Arbeitsamt arbeitslos meldet?**

7 36 **Warum wird bei der Arbeitslosenhilfe, im Gegensatz zum Arbeitslosengeld, das Vermögen des Antragstellers mit berücksichtigt?**

8 Arbeits- und Sozialgerichtsbarkeit

Verweis

Programmierte (gebundene) Aufgaben

8 01 **Welches Gericht nimmt in dem deutschen Rechtssystem eine Sonderstellung ein?**

1 Bundesverfassungsgericht
2 Arbeitsgericht
3 Bundessozialgericht
4 Bundesfinanzgericht
5 Oberverwaltungsgericht

8 02 **Bei welcher Gerichtsbarkeit ist die Zuordnung des Aufgabenbereichs bzw. der Gerichtsfälle richtig?**

1 Sozialgerichtsbarkeit – Streitigkeiten der Sozialhilfeempfänger mit dem Sozialamt
2 Arbeitsgerichtsbarkeit – Rechtsstreitigkeiten der Arbeitslosengeldempfänger mit dem Arbeitsamt
3 Ordentliche Gerichtsbarkeit – Falschangaben bei Steuererklärungen
4 Verwaltungsgerichtsbarkeit – Vorsätzlicher Konkurs bei Unternehmen
5 Bundesverfassungsgericht – Überprüfung politischer Entscheidungen auf ihre Verfassungsmäßigkeit

8 03 **Welche Aussage zu den ehrenamtlichen Richtern der Arbeits- und Sozialgerichte ist zutreffend?**

1 Die Anzahl der ehrenamtlichen Richter eines Gerichts ist gleich der Zahl der Berufsrichter.
2 Der ehrenamtliche Richter hat das gleiche Stimmrecht wie ein Berufsrichter.
3 Jeder kann sich für ein ehrenamtliches Richteramt beim Gericht bewerben.
4 Die ehrenamtlichen Richter am Arbeitsgericht werden von den Gewerkschaften und den Parteien bestimmt.
5 Die ehrenamtlichen Richter sind nur ihrem Gewissen gegenüber verantwortlich.

8 04 **Was verstehen Sie unter einer Revision?**

1 Der Richter hat die Möglichkeit bei neuvorgelegten Beweisen seinen Urteilsspruch zu revidieren.
2 Eine Revision ist nur für die beklagte Partei möglich.
3 Die Revision ist ein Wiederaufnahmeverfahren bei einem Landgericht.
4 Der Richter ändert bei einer Revision den Schuldspruch in ein „Nichtschuldig" um.
5 Die Revision ist ein Wiederaufnahmeverfahren vor einem Bundesgericht.

☐

8 05 **Bei welchem Gerichtsverfahren fallen keine Gerichtskosten für die Beteiligten an?**

1 Amtsgericht, bei einem Streitwert unter 3 000 DM
2 Finanzgericht
3 Arbeitsgericht
4 Verwaltungsgericht
5 Sozialgericht

☐

8 06 **Welche Aussage zur Sozialgerichtsbarkeit ist nicht richtig?**

1 Die Verhandlungen sind öffentlich zu führen.
2 Vor dem Gerichtsverfahren muß ein Widerspruch gegen die Entscheidung der Versicherung eingelegt worden sein.
3 Die Sozialgerichte entscheiden aus den verschiedenen Versicherungsbereichen in Kammern und Senaten.
4 In allen Instanzen muß man sich durch einen Rechtsanwalt vertreten lassen.
5 Das Sozialgerichtsverfahren entscheidet nicht bei Leistungsansprüchen gegen das Sozialamt.

☐

8 07 **Ein Arbeitnehmer glaubt, daß die Rentenversicherung die zu berücksichtigenden Beitragsjahre für seine Rente nicht richtig berechnet hat. Welches Gericht hat diesen Fall zu klären, wenn das Widerspruchsverfahren nicht zum Erfolg führte?**

1 Das Oberlandesgericht
2 Das Amtsgericht am Wohnsitz des Arbeitnehmers
3 Das Sozialgericht
4 Das Arbeitsgericht
5 Das Finanzgericht

☐

8 08 **Welcher Fall wird nicht vor dem Arbeitsgericht verhandelt?**

1 Die Streitigkeiten der Sozialpartner über den Bestand von Tarifverträgen
2 Die Lohnforderungen eines Arbeitnehmers an den Arbeitgeber
3 Die Beurteilung der Angemessenheit von Aussperrungen bei Arbeitskämpfen
4 Die Ansprüche aus dem Urheberrecht bei Erfindungen in der Arbeitszeit
5 Die Klage gegen die Arbeitslosenversicherung bei ungerechtfertigter Sperrung des Arbeitslosengeldes

☐

8 09 **Das Arbeitsgerichtsverfahren ist in welcher Aussage richtig beschrieben?**

1 Der Streitwert ist beim Arbeitsgericht unerheblich für die Aufnahme des Verfahrens.
2 Für das Gerichtsverfahren wird je 100 DM Streitwert eine Gebühr von 10 DM erhoben.
3 Die Arbeitsgerichte sind vierstufig aufgebaut.
4 Die streitenden Parteien können sich in der ersten Instanz selbst vertreten.
5 Die streitenden Parteien können sich in allen Instanzen selbst vertreten.

☐

8 10 **Ein Arbeitgeber weigert sich, das Wahlergebnis einer Betriebsratswahl anzuerkennen. Welches Gericht ist hierfür zuständig?**

1 Das Amtsgericht am Sitz des Unternehmens
2 Das Arbeitsgericht
3 Das Sozialgericht
4 Das Landgericht
5 Das Verwaltungsgericht

☐

Ungebundene Aufgaben

8 11 **Welche Gerichtsbarkeit ist jeweils zuständig?**

1. Kaufhausdiebstahl ....
2. Lohnforderungen aus einem Arbeitsverhältnis: ....
3. Widerspruch gegen einen Bebauungsplan: ....
4. Einspruch gegen die Sperrfrist des Arbeitsamtes: ....
5. Leistungsanspruch gegen die Rentenversicherung: ....

8 12 **Warum ist die Anzahl der Richter an den Sozialgerichten immer ungerade?**

....

....

8 13

1. Von wem werden die Gerichtskosten beim Sozialgericht getragen?

....

2. Wie hoch sind die Gerichtskosten beim Arbeitsgericht?

....

8 14 **Warum werden in die Arbeits- und Sozialgerichte Beisitzer berufen?**

8 15 **Welche Gerichte sind durch Rationalisierungsmaßnahmen besonders betroffen? Wie versucht die Justiz in diesem Bereich die Anzahl der möglichen Gerichtsverhandlungen zu senken?**

1 Berufsausbildung

Das Bildungswesen eines Staates gewinnt mit steigender Technisierung in Beruf und Privatleben immer mehr an Gewicht. Vor allem die Industrienationen mit ihren geringen Rohstoffreserven sind darauf angewiesen, innovatives Denken zu fördern und technisches Knowhow zu entwickeln. Die Berufsausbildung im Dualen System hat einen wesentlichen Anteil an dieser Entwicklung. Viele Erwerbstätige in Deutschland erfahren hier ihre erste beruflich ausgerichtete Bildung.

Innerhalb des Dualen Systems der Ausbildung trägt man der raschen technischen Entwicklung durch die Neuordnung und Neugestaltung der Ausbildungsberufe Rechnung. Die Anzahl der Ausbildungsberufe wurde gestrafft (ungefähr 380 Ausbildungsberufe). Anstelle von vielen spezialisierten Berufen treten jetzt wenige Grundberufe (z. B. Industriemechaniker), die sich im Laufe der Ausbildung in einzelne Fachrichtungen (z. B. Industriemechaniker Fachrichtung Produktionstechnik) aufteilen. Hierdurch soll eine Verbreiterung des beruflich notwendigen Grundlagenwissens angestrebt werden. Im ersten Ausbildungsjahr erhalten deswegen alle Auszubildenden eines Grundberufes eine gemeinsame Grundbildung. Die Spezialisierung in die einzelnen Fachrichtungen findet erst im zweiten Ausbildungsjahr statt. Zusätzlich zur Neuordnung wurden die Ausbildungsinhalte neugestaltet und ergänzt. So ist zum Beispiel der Bereich „Informations- und Kommunikationstechnik“ neu in die Ausbildung aufgenommen worden.

1.1 Rechtliche Grundlagen der Berufsausbildung

Die Grundlagen für unser heutiges Ausbildungssystem wurden in der ersten Hälfte des 20.Jahrhunderts gelegt:

1921 Die Fortbildungsschulen werden in Berufsschulen umbenannt

1937 Die Facharbeiterprüfung vor der Industrie- und Handelskammer wird verpflichtend für die industriellen Ausbildungsberufe

1938 Die Berufsschulpflicht und der begleitende Charakter der Berufsschule zur Ausbildung wird gesetzlich verankert

Im wesentlichen gelten diese gesetzlichen Regelungen, die unser Ausbildungssystem als duale Ausbildung beschreiben, auch noch heute.

Unter dem „Dualen System“ versteht man die Verzahnung des öffentlich-rechtlichen Ausbildungspartners (Schule) mit dem privat-rechtlichen Ausbildungspartner (Betrieb).

Die Schule übernimmt im „Dualen System“ die Vermittlung der theoretischen Kenntnisse der Ausbildung und die Allgemeinbildung. Ziel ist es, allen Auszubildenden einen Kenntnisstand zu vermitteln, der die Voraussetzung für berufliche Flexibilität und Chancengleichheit schafft. Die Inhalte, die vermittelt werden, sind in den Rahmenlehrplänen zu den einzelnen Ausbildungsberufen festgelegt. Da im schulischen Bereich Kulturhoheit der Länder besteht, wurden auf Bundesebene Koordinierungsausschüsse gebildet, um Unterschiede in den Rahmenlehrplänen zu minimieren. Hierzu zählt zum Beispiel die „Ständige Konferenz der Kultusminister“ (KMK).

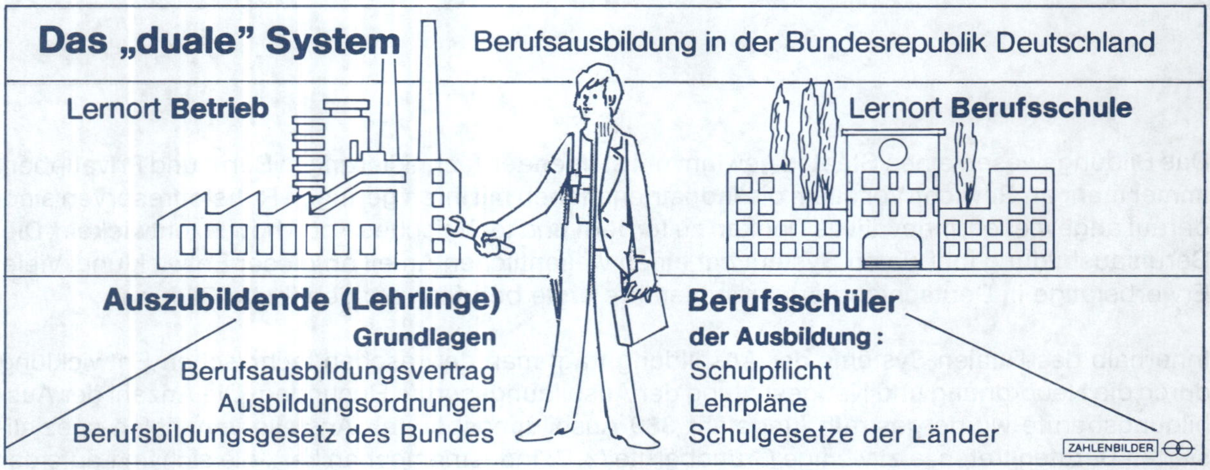

Der Betrieb übernimmt im „Dualen System" vor allem die praktische Vermittlung der Fertigkeiten, außerdem vermittelt er Kenntnisse, die für den Arbeitseinsatz des Auszubildenden im jeweiligen Betrieb nützlich sind. Der betriebliche Bereich der Ausbildung wird durch Bundesgesetze geregelt, die vom Bundesminister für Wirtschaft oder den entsprechenden Fachministern erlassen werden. Die Inhalte der betrieblichen Ausbildung sind bundeseinheitlich in den Ausbildungsordnungen und den Ausbildungsrahmenlehrplänen festgeschrieben, die der Bundesminister für Wirtschaft erläßt.

Neben den Rahmenlehrplänen der Berufsschulen und den Ausbildungsrahmenlehrplänen der Betriebe haben zwei wichtige Gesetze Einfluß auf die Ausbildung: das Berufsbildungsgesetz vom 14.08.1969 und das Berufsbildungsförderungsgesetz vom 23.12.1981.

Das Berufsbildungsgesetz beschreibt die rechtlichen Sachverhalte zur Durchführung der Berufsausbildung, Prüfungen, Überwachung der Ausbildung, beruflichen Fortbildung und beruflichen Umschulung. In der Berufsausbildung sollen die beruflichen Grund- und Fachbildungen, sowie die fachlichen Fertigkeiten vermittelt werden. Die Ausbildung wird in den Betrieben der Industrie und den berufsbildenden Schulen durchgeführt. Dieses Ausbildungssystem wird „Duales System" genannt.

Das Berufsbildungsgesetz gilt nicht für eine vollschulische Ausbildung. Hierzu zählt die schulische Ausbildung zum chemisch-technischen Assistenten (CTA) an einer Höheren Berufsfachschule. Das Gesetz findet ebenfalls keine Anwendung bei einer Ausbildung in einem Verwaltungsberuf im öffentlichen Dienst. Dagegen fällt die Ausbildung zum Energieelektroniker bei einer öffentlichen Verwaltung (Stadt) unter das Berufsbildungsgesetz.

Unter der beruflichen Fortbildung wird der Ausbau der Kenntnisse und Fertigkeiten in einem ausgeübten Beruf zur Anpassung an die technische Entwicklung oder für den beruflichen Aufstieg verstanden. Unter der beruflichen Umschulung wird das Erlernen eines anderen Berufsbildes verstanden, wenn für den erlernten Beruf keine Nachfrage bzw. keine Einstellungschancen bestehen.

Die Aufsicht und die Verwaltung der Ausbildung wird nach dem Berufsbildungsgesetz den „Zuständigen Stellen" übertragen. Zuständige Stellen sind die Industrie- und Handelskammern (IHK) und die Handwerkskammern als Selbstverwaltungsorgane der Wirtschaft. Die Kammern können regional für ihren Zuständigkeitsbereich verbindliche Rechtsvorschriften für die Ausbildung und Prüfung erlassen. Über Tarifverträge und Betriebsvereinbarungen können weitere rechtliche Verbindlichkeiten für die Ausbildung festgelegt werden.

Viele unterschiedliche gesellschaftliche Interessengruppen bringen ihre Sachkompetenz in das Duale System ein, um es zu optimieren. Erfolg hat dieses Einwirken aber nur, wenn an der eigentlichen Schnittstelle des Systems, d. h., zwischen der Berufsschule und dem Betrieb, Kooperationsbereitschaft besteht.

Das Berufsbildungsförderungsgesetz beschreibt die Notwendigkeit der Planung und Forschung für die berufliche Bildung. Insbesondere ist hier das Bundesinstitut für Berufsbildung (BIBB) beschrieben, dessen wesentliche Aufgaben die Vorbereitung von Ausbildungsordnungen, die Abfassung des Berufsbildungsberichtes und die Durchführung der Berufsbildungsstatistik sind.

An der Erarbeitung der Inhalte zu den Ausbildungsberufen sind neben dem BIBB Vertreter der Arbeitgeberverbände und der Gewerkschaften beteiligt. Die Anerkennung eines neuen Ausbildungsberufes und der zu vermittelnden Inhalte erfolgt durch den Bundesminister für Wirtschaft.

Verfahren zur Einarbeitung neuer Ausbildungsordnungen

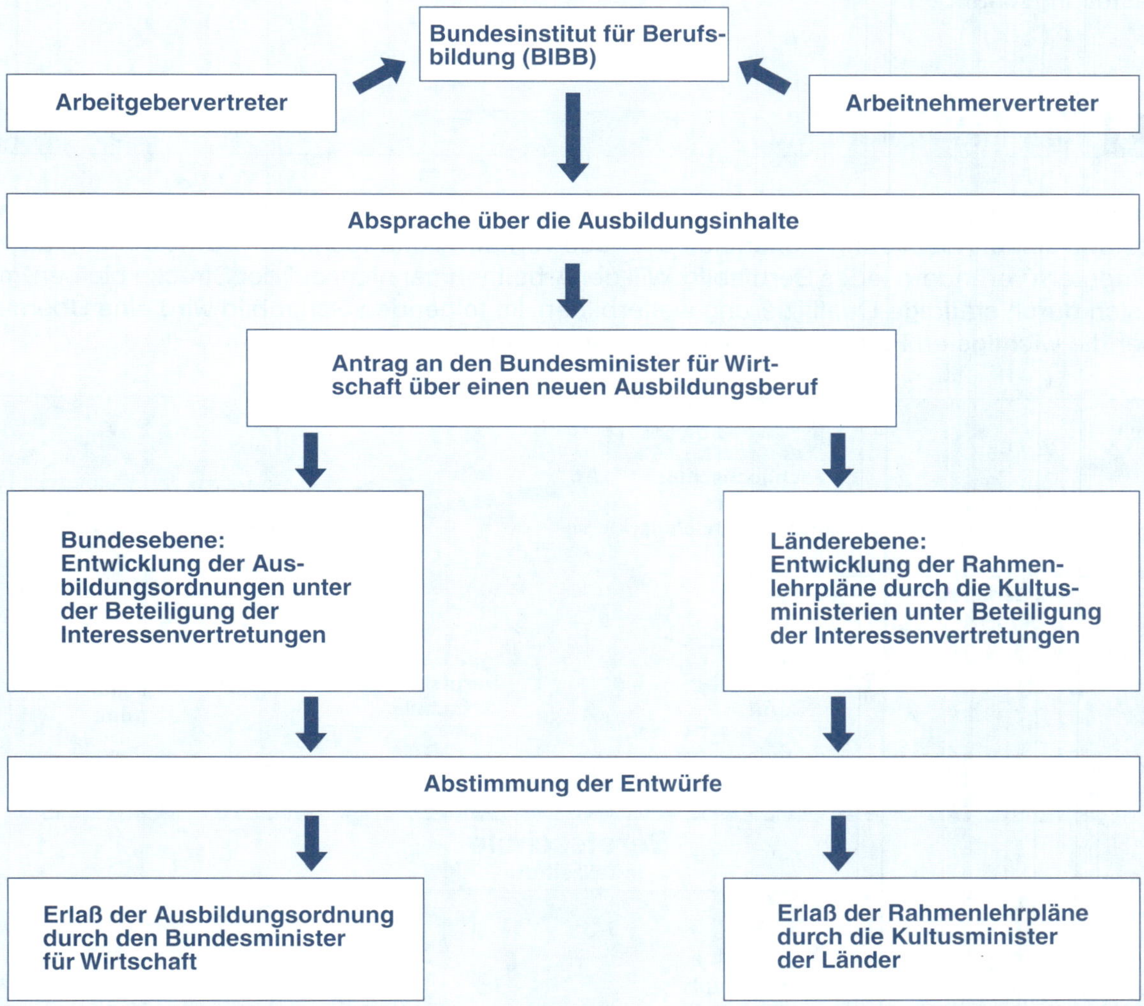

1.2 Ausbildung und sozialer Status

1992 standen ungefähr 1,67 Millionen Personen in der Ausbildung, und ungefähr 0,50 Millionen Personen schlossen 1994 ihre Ausbildung erfolgreich ab. Diese Zahlen belegen die Wichtigkeit und das Ansehen der Berufsausbildung innerhalb unseres Bildungssystems.

Mit der wachsenden Konkurrenz um einen gut bezahlten und verantwortungsvollen Arbeitsplatz ist der Ausbildungsabschluß zu einer Mindestnorm geworden. Die breitgefächerte Ausbildung im Berufsbild ermöglicht berufliche Flexibilität im Betrieb und auf dem Arbeitsmarkt. Der gelernte Facharbeiter wird sich nicht so häufig in der Arbeitslosigkeit wiederfinden wie der ungelernte Arbeiter. Der berufliche Aufstieg zum Vorarbeiter oder Meister ist ohne eine Berufsausbildung auch nicht denkbar.

Daß die Qualifizierung durch eine Berufsausbildung für die Aufnahme eines Studiums nicht unwichtig ist, belegt die Tatsache, daß viele Studenten vorher in ihrer Fachrichtung eine Ausbildung abgeschlossen haben. Die Industrie honoriert diesen Fortbildungsgang häufig mit besseren Einstellungschancen.

1.3 Fort- und Weiterbildung

Bei der rapiden Weiterentwicklung der Technik kann der Arbeitnehmer nicht mehr auf dem Kenntnisstand seiner Ausbildung stehenbleiben. Neue Verfahren und Techniken sowie der Einsatz von Computern verändern jedes Berufsbild. Will der Arbeitnehmer nicht auf der Strecke bleiben, muß er sich durch ständige Qualifizierung weiterbilden. Im folgenden Schaubild wird eine Übersicht über die wichtigsten Fortbildungsmöglichkeiten gegeben.

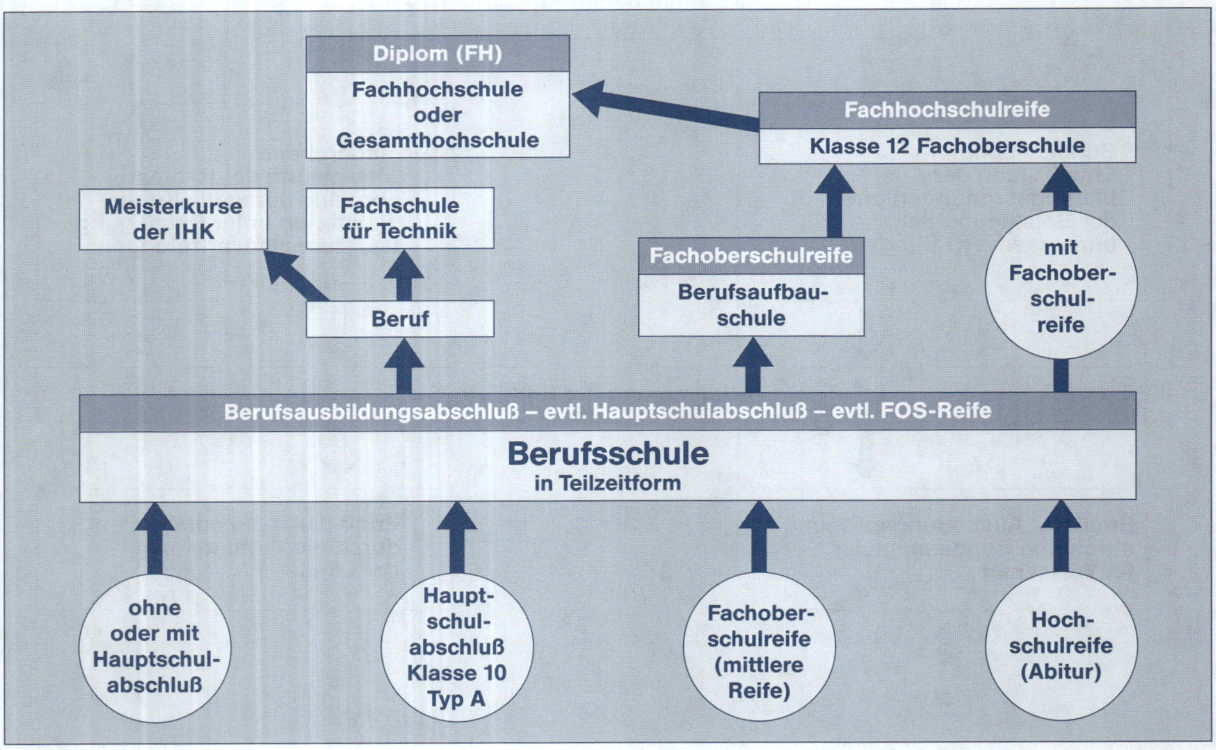

1.4 Das Berufsausbildungsverhältnis

Der Ausbildungsvertrag

Jede Ausbildung gründet sich auf einen Berufsausbildungsvertrag. Die wesentlichen Inhalte des Vertrages sind spätestens bei Ausbildungsbeginn schriftlich zu fixieren. Die Niederschrift ist bei Minderjährigen von dem Auszubildenden, den Erziehungsberechtigten und dem Ausbildungsbetrieb zu unterschreiben.

Die wesentlichen Inhalte der Niederschrift werden vom Berufsbildungsgesetz vorgegeben und sollen dem Auszubildenden, da prinzipiell Vertragsfreiheit besteht, eine Mindestabsicherung gewährleisten. Wesentliche Inhalte des Ausbildungsvertrages nach dem Berufsbildungsgesetz sind

- Art und Ziel der Ausbildung
- Beginn und Dauer der Ausbildung
- Kündigungsmöglichkeiten
- Probezeit, Vergütung und Urlaub
- tägliche Ausbildungszeit
- Ausbildungsmaßnahmen außerhalb des Betriebes.

Dem Ausbildungsvertrag ist eine Aufstellung über die sachliche und zeitliche Gliederung der Ausbildung beizufügen.

Der Ausbildungsbetrieb hat vor der Ausbildung dafür zu sorgen, daß der Ausbildungsvertrag bei der Industrie- und Handelskammer in das Verzeichnis der Berufsausbildungsverhältnisse eingetragen wird. Außerdem muß er den Auszubildenden bei der Berufsschule und den Sozialversicherungen anmelden.

Fällt der Auszubildende noch unter das Jugendarbeitsschutzgesetz, so muß er sich vor Beginn der Ausbildung einer amtsärztlichen Eignungsuntersuchung unterziehen, in der die körperliche Eignung für den Ausbildungsberuf festgestellt werden soll. Innerhalb eines Jahres nach Beginn der Ausbildung muß eine Nachuntersuchung erfolgen. Hierbei soll überprüft werden, ob der Auszubildende schädigende Auswirkungen, z.B. allergische Reaktionen auf Chemikalien, durch die Ausbildung erfahren hat.

Rechte und Pflichten aus dem Ausbildungsvertrag

Wie bei jedem anderen Vertrag, hat auch aus dem Ausbildungsvertrag jeder Vertragspartner Rechte und Pflichten. Dabei ist des einen Pflicht des anderen Recht.

Die wesentlichen Verpflichtungen des Ausbildungsbetriebes sind

- dafür zu sorgen, daß der Auszubildende das Ausbildungsziel erreicht
- dafür zu sorgen, daß geeignete Ausbildungsplätze, geeignete Ausbilder, Ausbildungs- und Prüfungsmittel zur Verfügung stehen
- dem Auszubildenden eine Vergütung zu zahlen
- den Auszubildenden keine Arbeiten ausführen zu lassen, die nicht mit der Ausbildung in Verbindung stehen (Grundsätzlich ist die Akkord- und Fließbandarbeit verboten. Ein kurzzeitiger Einsatz zum Kennenlernen dieser Arbeitsmethoden im Rahmen der Ausbildung ist erlaubt)
- den Auszubildenden für den Berufsschulunterricht freizustellen
- bei Beendigung des Ausbildungsverhältnisses ein Zeugnis auszustellen.

Die wesentlichen Verpflichtungen des Auszubildenden sind

- das Bemühen das Ausbildungsziel zu erreichen
- die Arbeitsplätze und Arbeitsmittel pfleglich zu behandeln
- den Weisungen der Ausbilder und den Ordnungsvorschriften im Betrieb zu entsprechen
- die Ausbildungsnachweise ordnungsgemäß zu führen
- über Betriebsgeheimnisse zu schweigen.

Die Ausbildungsdauer

Die gewerbliche Ausbildung dauert, je nach Ausbildungsberuf, 2 bis 3½ Jahre. Die Ausbildungsdauer kann unter bestimmten Voraussetzungen verkürzt oder verlängert werden.

- Bei erfolgreichem Abschluß des Berufsgrundschuljahres oder der einjährigen Berufsfachschule ist die Schulzeit als erstes Ausbildungsjahr auf die Ausbildung anzurechnen. Voraussetzung hierfür ist, daß die schulischen Inhalte weitgehend den Inhalten des gewählten Ausbildungsberufes entsprechen.
- Eine vorzeitige Abschlußprüfung ist nach 2½ Jahren bei dreijähriger Ausbildung oder nach 3 Jahren bei 3½jähriger Ausbildung möglich. Die Leistungen in der Zwischenprüfung und im Berufsschulzeugnis des zweiten Ausbildungsjahres müssen aber i. d. R. besser als befriedigend sein. Die Schule und der Ausbildungsbetrieb müssen vor der Zulassung zur vorzeitigen Prüfung angehört werden.
- Bei Nichtbestehen der Abschlußprüfung kann auf Verlangen des Auszubildenden die Ausbildung um höchstens ein Jahr bis zur nächsten möglichen Abschlußprüfung verlängert werden. Darüber hinaus ist eine weitere Verlängerung der Ausbildung bei nochmaligem Nichtbestehen der Prüfung nur mit dem Einverständnis des Ausbildungsbetriebes möglich. Insgesamt kann der Auszubildende die Prüfung zweimal wiederholen.
- Bei längeren Krankheiten kann auf Antrag des Auszubildenden die Ausbildung verlängert werden.

Die Probezeit

Die Ausbildung beginnt mit der Probezeit. Sie muß mindestens einen Monat und darf höchstens drei Monate dauern. Bei Unterbrechungen der Probezeit, z.B. durch Krankheit, ist eine Verlängerung möglich. In der Probezeit soll die Eignung für den Beruf durch den Betrieb, bzw. die richtige Berufswahl durch den Auzubildenden festgestellt werden. Beide Vertragsseiten können in der Probezeit den Ausbildungsvertrag ohne Kündigungsfrist und ohne Angaben von Gründen schriftlich kündigen.

Die Kündigung des Ausbildungsverhältnisses

Das Ausbildungsverhältnis ist kein normaler Arbeitsvertrag. Der Ausbildungsbetrieb übernimmt eine besondere Fürsorgepflicht gegenüber dem Auszubildenden. Aus diesem Grunde ist eine schriftliche Kündigung des Ausbildungsverhältnisses nach der Probezeit für den Ausbildenden nur unter bestimmten Bedingungen möglich.

Die Kündigung ohne Einhaltung der Kündigungsfrist (fristlose Kündigung) ist für beide Vertragspartner nur aus wichtigem Grunde möglich. Wichtige Gründe können sein

- Diebstahl
- Verstoß gegen die Verschwiegenheitspflicht
- unentschuldigtes Fehlen
- Handgreiflichkeiten
- Nichterbringen der geforderten Leistung
- Nichtzahlen der Ausbildungsvergütung
- Nichtnachkommen der Ausbildungspflicht.

Die fristlose Kündigung ist dann unwirksam, wenn dem Arbeitgeber der Kündigungsgrund länger als zwei Wochen bekannt war, ohne daß er in diesem Zeitraum die Kündigung ausgesprochen hat.

Eine ordentliche Kündigung mit Einhaltung der Kündigungsfrist von vier Wochen ist nur durch den Auszubildenden möglich, wenn er den Ausbildungsberuf aufgeben oder sich für eine andere Berufstätigkeit ausbilden lassen will. Die Kündigung muß prinzipiell schriftlich erfolgen. Bei der ordentlichen Kündigung ist außerdem der Kündigungsgrund zu nennen.

Die Ausbildungsvergütung

Die Vergütung in der Ausbildung ist nach dem Lebensalter zu bemessen. Mit fortschreitender Ausbildung muß sie mindestens jährlich einmal ansteigen. Die Höhe der Ausbildungsvergütung wird in der Regel in Lohntarifverhandlungen festgelegt. Die Vergütung ist spätestens am letzten Arbeitstag des laufenden Kalendermonats zu zahlen. Bei unverschuldeter Krankheit wird die Vergütung bis zu sechs Wochen weitergezahlt. Danach zahlt die Krankenkasse das Krankengeld.

Die Arbeitszeit

Siehe Arbeitsvertrag (Seite 97) und Jugendarbeitsschutzgesetz (Seite 98)

Der Jahresurlaub

Siehe Arbeitsvertrag (Seite 96) und Jugendarbeitsschutzgesetz (Seite 99)

Das Ausbildungsende

Die Ausbildung endet in der Regel mit dem Zeitpunkt, der als Ausbildungsende im Ausbildungsvertrag festgehalten wurde. Besteht der Auszubildende vor Ablauf dieses Zeitpunktes die Abschlußprüfung, so endet die Ausbildung an diesem Tage. Ein Anspruch auf Übernahme in ein unbefristetes Arbeitsverhältnis nach der Ausbildung besteht nicht.

Vereinbarungen über eine mögliche Weiterbeschäftigung nach dem Abschluß der Ausbildung sind frühestens in den letzten sechs Monaten der Ausbildung erlaubt. Wird der Auszubildende nach erfolgreichem Abschluß der Prüfung jedoch ohne besondere Vereinbarung weiterbeschäftigt, entsteht ein Arbeitsverhältnis auf unbefristete Zeit.

Mit der Beendigung der Ausbildung hat der Ausbildungsbetrieb dem Auszubildenden ein einfaches und auf Verlangen ein qualifiziertes Zeugnis auszustellen.

Die Abschlußprüfung

Zur Abschlußprüfung vor der Industrie- und Handelskammer wird jeder gewerblich-technische Auszubildende zugelassen, der an der Zwischenprüfung teilgenommen und die Ausbildungsnachweishefte ordnungsgemäß geführt hat. In Streitfällen entscheidet der Prüfungsausschuß der Industrie- und Handelskammer über die Zulassung. Eine weitere Aufgabe des Prüfungsausschusses ist die Feststellung des Prüfungsergebnisses nach der Prüfungsordnung. Die Prüfungsordnung wird von der Industrie- und Handelskammer erlassen.

Der Prüfungsausschuß setzt sich zu gleichen Teilen aus Arbeitgebervertretern und Arbeitnehmervertretern und mindestens einem Lehrer der berufsbildenden Schulen zusammen. Der Prüfungsausschuß wählt aus seiner Mitte einen Vorsitzenden und dessen Vertreter. Diese dürfen nicht der gleichen Mitgliedergruppe angehören.

Die Abschlußprüfung setzt sich aus einem theoretischen, praktischen und mündlichen Teil zusammen. Im theoretischen Teil müssen im Sperrfach Technologie mindestens ausreichende Leistungen erbracht werden. Im einzelnen kann die Aufteilung wie folgt aussehen:

Praktischer Teil

- Arbeitsproben und Prüfungsstücke an insgesamt zwei Arbeitstagen

Theoretischer Teil

- Technologie, 120 Minuten Prüfungsdauer und 40 % Bewertung
- Technische Mathematik, 60-90 Minuten Prüfungsdauer und 20 % Bewertung
- Wirtschafts- und Sozialkunde, 60 Minuten Prüfungsdauer und 20 % Bewertung
- Angewandte Technologie (Naturwiss. Berufe), 90 Minuten Prüfungsdauer und 20 % Bewertung oder
- Arbeitsplanung (Metallberufe), 120 Minuten Prüfungsdauer und 20 % Bewertung oder
- Schaltungs- und Funktionsanalyse (Elektroberufe), 120 Minuten Prüfungsdauer und 20 % Bewertung

Mündlicher Teil

Die mündliche Prüfung in einzelnen Fächern kommt nur noch dann in Frage, wenn sie für das Bestehen der Prüfung ausschlaggebend sein kann. Sie wird entweder auf Antrag des Auszubildenden oder nach Ermessen des Prüfungsausschusses durchgeführt. Die schriftliche Prüfung hat gegenüber der mündlichen Prüfung das doppelte Gewicht.

Die Prüfung ist insgesamt bestanden, wenn im Sperrfach Technologie, sowie in der Gesamtprüfung mindestens 50 % der erreichbaren Punkte geholt wurden. Bei Verfahrensfehlern kann gegen das Prüfungsergebnis bei der Industrie- und Handelskammer Widerspruch eingelegt werden. Bei Ablehnung des Antrages kann gegen die Industrie- und Handelskammer geklagt werden.

Beispiel für die Berechnung des Prüfungsergebnisses

Fach	Technologie	Angewandte Technologie	Technische Mathematik	Wirtschafts- und Sozialkunde
Fall A				
Prozente (P)	45,2	62,4	56,7	61,6
Faktor (F)	0,4	0,2	0,2	0,2
Punkte (P*F)	18,1	12,5	11,3	12,3

Ergebnis der Prüfung (Summe der Punkte): 54,2 Punkte
Die Prüfung ist nicht bestanden, weil im Prüfungsfach Technologie nicht die geforderten 50 % erreicht wurden.

Fall B				
Prozente (P)	54,5	43,4	52,3	47,4
Faktor (F)	0,4	0,2	0,2	0,2
Punkte (P*F)	21,8	8,7	10,5	9,5

Ergebnis der Prüfung (Summe der Punkte): 50,5 Punkte
Die Prüfung ist bestanden, da im Fach Technologie und im Gesamtergebnis jeweils 50 % erreicht wurden.

2 Betriebswirtschaft

2.1 Die Wirtschaftsordnung in der Bundesrepublik Deutschland

Die Wirtschaftsordnung eines Staates hat die Aufgabe, die Funktionsfähigkeit der Wirtschaft, ihre ökonomische Leistungsfähigkeit und die Lenkung des Wirtschaftsprozesses sicherzustellen. Es werden grundsätzlich zwei Wirtschaftsordnungen unterschieden: Marktwirtschaft und Zentralverwaltungswirtschaft. In einer freien Marktwirtschaft wird das gesamte wirtschaftliche Handeln von den einzelnen Wirtschaftssubjekten, Unternehmen und Haushalten, individuell nach den jeweiligen Bedürfnissen geplant. Wesentliche Merkmale dieser Wirtschaftsordnung sind:

- Der Markt ist das zentrale Lenkungsorgan.
- Angebot und Nachfrage bestimmen den Preis.
- Das Produktionskapital ist Privateigentum.
- Der Gewinn ist der Leistungsmotor für das unternehmerische Handeln.
- Es besteht Vertragsfreiheit und freie Berufswahl.
- Der Staat greift nicht als Lenkungsorgan in die wirtschaftlichen Abläufe ein.

Ein Nachteil dieser Wirtschaftsordnung ist es, daß der Stärkere über den Schwächeren triumphiert. In der Wirtschaft können Machtpositionen aufgebaut werden, die den sozialen Aspekten einer menschlichen Gemeinschaft widersprechen. Die Bundesrepublik Deutschland hat sich aus diesem Grunde für eine modifizierte Form der Marktwirtschaft, nämlich die „Soziale Marktwirtschaft“ entschieden. Der Staat betreibt hier eine aktive Wirtschaftspolitik, ohne jedoch den notwendigen Spielraum für individuelle Entscheidungen einzuengen.

Die Ziele der „Sozialen Marktwirtschaft“ sind im Wechselspiel mit der Leistungsfähigkeit der Wirtschaft, soziale Ungerechtigkeiten zu beseitigen und soziale Sicherheit und Chancengleichheit zu schaffen. Um diese Ziele zu erreichen hat der Staat sozialpolitische, wirtschaftspolitische und ordnungspolitsche Instrumente zur Verfügung.

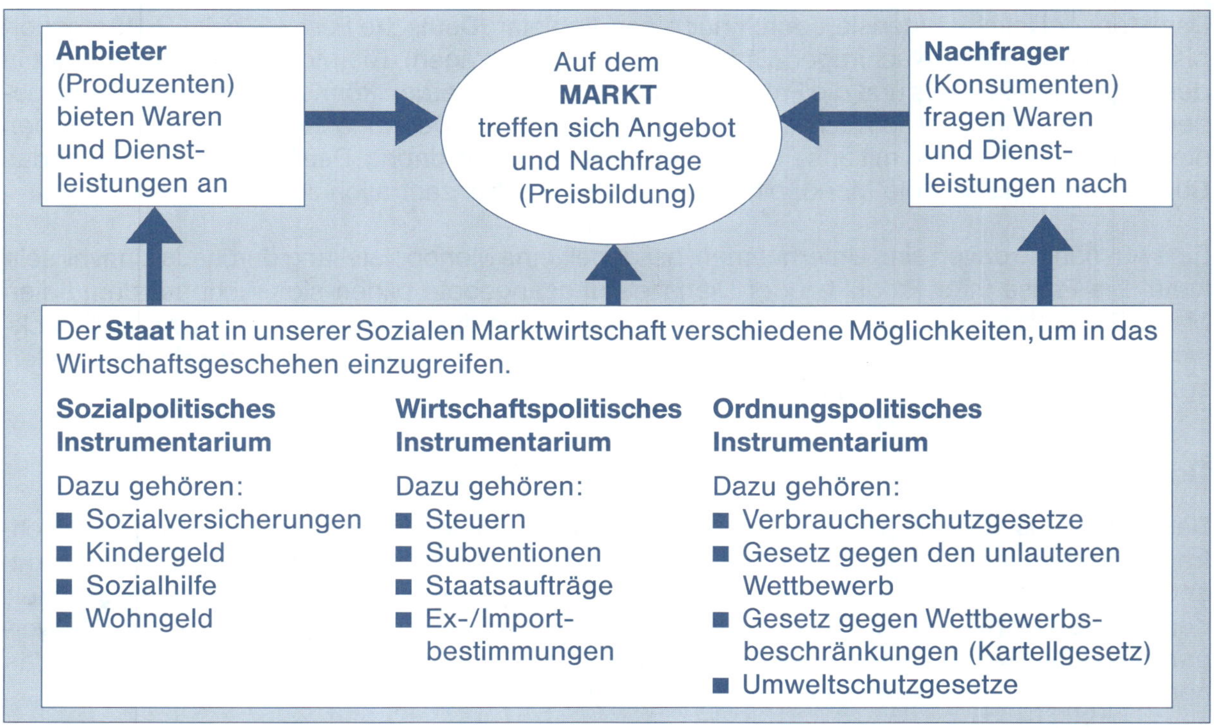

Maßnahmen, die der Stablilität der Währung dienen, werden von der Deutschen Bundesbank getroffen. Die Bundesbank ist in ihren Entscheidungen unabhängig von der jeweiligen Regierung.

2.2 Märkte, Güter und Produktionsfaktoren

Die Marktformen

Je nach Anzahl der Marktteilnehmer, die ein Produkt anbieten oder nachfragen, können verschiedene Marktformen unterschieden werden.

Nachfrager	**Anbieter**		
	Viele	**Wenige**	**Einer**
Viele	Polypol (Vollständige Konkurrenz)	Angebots-Oligopol	Angebots-Monopol
Wenige	Nachfrage-Oligopol	Zweiseitiges Oligopol	Beschränktes Angebots-Monopol
Einer	Nachfrage-Monopol	Beschränktes Nachfrage-Monopol	Zweiseitiges Monopol

Polypol: Viele, verhältnismäßig kleine, in etwa gleichstarke Wirtschaftseinheiten
Oligopol: Einige mittlere, in etwa gleichstarke Wirtschaftseinheiten
Monopol: Ein großer Anbieter bzw. Nachfrager

Das Monopol

Das Monopol ist charakterisiert durch nur einen Anbieter (Deutsche Post AG beim Brieftransport bis 100 g) oder einen Nachfrager (Staat bei Rüstungsaufträgen). Die Monopolstellung erlaubt in der Regel, daß der Preis und die Produktmengen bestimmt werden können. Dieses kann zur Ausbeutung des wirtschaftlich schwächeren Partners führen. Derartige Konzentrationspositionen stehen nicht im Einklang mit unserer sozialen Gesellschaftsordnung. Der Staat versucht über das Bundeskartellamt und die Monopolkommission, solche Konzentration zu verhindern.

Eine Ausnahme davon sind Unternehmen, bei denen eine Monopolstellung durchaus sinnvoll sein kann. Die Preise ihrer Produkt- oder Dienstleistungsangebote bilden sich nicht auf dem freien Markt. Die Unternehmen haben in ihren Wirtschaftsentscheidungen soziale Aspekte mit zu berücksichtigen. Das Dienstleistungsangebot der Deutschen Post AG beim Brieftransport soll zum Beispiel für alle Bevölkerungsschichten erschwinglich sein.

Das Oligopol

Das Oligopol ist charakterisiert durch wenige Anbieter (Mineralölkonzerne) oder wenige Nachfrager (Molkereien). Oligopole teilen sich in der Regel den Markt. Preiskämpfe um größere Marktanteile zu gewinnen sind selten, weil die Gefahr einer Selbstvernichtung groß ist. Die Möglichkeit, den eigenen Marktanteil durch intensive Werbung zu vergrößern, wird jedoch genutzt. Die Werbung bedeutet keinen konkreten Angriff auf den Mitanbieter, und die Unternehmen besitzen das nötige Kapital, um überregionale Werbung zu betreiben.

Ein Nachteil der oligopolistischen Struktur soll noch erwähnt werden: Da es nur wenige Anbieter gibt, besteht die Gefahr, daß sich die Unternehmen durch Preis- und Gebietsabsprachen Vorteile gegenüber den Nachfragern verschaffen.

Das Polypol

Das Polypol ist charakteristisch durch viele Anbieter (Einzelhandel und Kleingewerbe) und Nachfrager (Haushalte). Es besteht vollständige Konkurrenz. Für den Konsumenten ist diese Marktform die günstigste Konstellation, weil die Unternehmen hauptsächlich über den Preis und die Qualität der Produkte versuchen müssen Marktvorteile zu erlangen. Jedoch weichen die realistischen Märkte von diesem Modell durch nicht völlig gleichartige Güter, räumliche und zeitliche Vor- und Nachteile beim Angebot, mangelnde Marktübersicht und persönliche Präferenzen des Kunden ab.

Die Marktarten

Einteilung der Märkte nach der Art des gehandelten Gutes

Faktormärkte	Dienstleistungsmärkte	Gütermärkte
■ Arbeitsmarkt	■ Versicherungen	■ Konsumgütermarkt
■ Immobilienmarkt	■ Banken	■ Investitions-
■ Kapitalmarkt	■ Handel	gütermarkt

Die Wirtschaftsbereiche

Die Unternehmen, die Güter erzeugen und Dienstleistungen bereitstellen, lassen sich drei Wirtschaftsbereichen zuordnen

- **Urerzeugung (primärer Sektor)**
  Hierzu zählen die Unternehmen in der Landwirtschaft, Forstwirtschaft, Fischerei, Bergwerke usw. Die Urerzeugung ist die Grundlage jeder Wirtschaft.
- **Weiterverarbeitung (sekundärer Sektor)**
  Hierzu zählen die Unternehmen in denen Rohstoffe weiterverarbeitet werden.
- **Dienstleistung (tertiärer Sektor)**
  Hierzu zählen Handel, Banken, Versicherungen, Verkehrsbetriebe usw. Der Dienstleistungssektor ist der am stärksten expandierende Bereich.

Die Wirtschaftsgüter

Jeder Mensch hat Bedürfnisse, die er mit Hilfe von Gütern befriedigt. Die menschlichen Bedürfnisse lassen sich nach ihrer Notwendigkeit unterteilen in

- existenzielle Bedürfnisse (Essen, Trinken, Schlafen)
- kulturelle Bedürfnisse (Lesen, Schreiben, Musik)
- Luxusbedürfnisse (Schmuck, Champagner, teure Autos).

Dabei sind die Grenzen fließend. Was für den einen ein Luxusbedürfnis ist, mag für den anderen eine Selbstverständlichkeit sein. Abhängig ist das u.a. vom Einkommen und Lebensstandard.

Die Güter, die der Befriedigung der Bedürfnisse dienen, unterteilen sich in

- freie Güter
- knappe bzw. wirtschaftliche Güter.

Unter freien Gütern versteht man Güter, die unbegrenzt und kostenlos zur Verfügung stehen, z.B. die Luft zum Atmen oder das Wasser eines Flusses. Alle anderen Güter stehen dem Menschen nur in begrenztem Maße zur Verfügung. Sie sind knapp und haben einen Preis, was einen wirtschaftlichen Umgang mit ihnen bedingt.

Die Konsum- und Produktivgüter lassen sich jeweils weiter unterteilen in Verbrauchs- und Gebrauchsgüter. Zu den Verbrauchsgütern zählen z.B. Nahrungsmittel, Rohstoffe und Arbeitsmaterialien. Zu den Gebrauchsgütern zählen z.B. Autos und Maschinen.

Für den Ablauf des Wirtschaftslebens sind ferner Dienstleistungen nötig, die von den Banken (Zahlungsverkehr), Versicherungen (Schadensabsicherung) und dem Handel (Transport und Lagerhaltung) erbracht werden.

Die Produktionsfaktoren

Damit Güter hergestellt („produziert") werden können, müssen verschiedene Faktoren zusammenwirken. Man spricht deshalb auch von den „Produktionsfaktoren". Volkswirtschaftlich unterscheidet man dabei Arbeit, Boden (Natur) und Kapital. Arbeit und Boden werden als ursprüngliche (originäre) Produktionsfaktoren und das Kapital als abgeleiteter (derivater) Produktionsfaktor bezeichnet. In neuerer Zeit wird als vierter Produktionsfaktor das „know how" dazu gezählt.

Der Produktionsfaktor „Boden" ist in vielfältiger Hinsicht bedeutend für die Produktion. Den Unternehmen des primären Wirtschaftsbereichs dient er als

- Abbauboden (Kohle, Erze, Erdöl u.a.)
- Anbauboden (Feldfrüchte, Obst u.a.).
  Den Unternehmen des sekundären Bereichs dient er als Standortboden.

Die Wahl des idealen Standortbodens ist von unterschiedlichen Faktoren abhängig: der Infrastruktur, dem Arbeitskräfteangebot, den zu entrichtenden Abgaben und Steuern, der Produktionsweise, dem Energieangebot, den Bodenpreisen und Umweltschutzaspekten.

Beim Produktionsfaktor „Arbeit" unterscheidet man zwischen unselbständiger und selbständiger Arbeit. Man kann auch eine Einteilung in vorwiegend geistige oder manuelle Tätigkeiten vornehmen oder nach Kriterien wie Ausbildung oder Weisungsbefugnis unterteilen.

Der Produktionsfaktor „Kapital" gewinnt immer mehr an Gewicht. Unter dem Kapital wird nicht nur das Geldkapital, sondern auch das Sachkapital in Form von Maschinen und Rohstoffen verstanden.

Das ökonomische Prinzip

Die Unternehmen sind bestrebt, über die Produktionsfaktoren ein optimales Verhältnis von Aufwand und Ertrag zu erreichen. Diese Handlungsweise wird als ökonomisches Prinzip bezeichnet. Es läßt sich nach dem Minimumprinzip oder Maximumprinzip ausformulieren.

Das ökonomische Prinzip

Minimalprinzip		Maximalprinzip	
MITTEL →	**ZIEL**	**MITTEL** →	**ZIEL**
mit möglichst kleinen Mitteln ...	ein vorgegebenes Ziel erreichen	mit vorgegebenen Mitteln ...	ein möglichst großes Ziel erreichen

- Minimumprinzip: Mit einem minimalen Einsatz an Arbeitskräften, Betriebsmitteln (Maschinen, Gebäude, Grundstücke) und Werkstoffen soll ein vorgegebenes Produktionsergebnis erreicht werden.
- Maximumprinzip: Mit einem gegebenen Produktionsaufwand soll ein maximales Produktionsergebnis erreicht werden.

In jedem Fall sind die Kosten für den Produktionsaufwand so gering wie möglich zu halten. Durch den gegenseitigen Austausch (Substitution) von Arbeitskraft und Betriebsmittel lassen sich die Kosten senken und zwar durch

- den Einsatz von wenigen Maschinen und vielen Arbeitskräften bei niedrigen Löhnen
- den Einsatz von vielen Maschinen und wenigen Arbeitskräften bei hohen Löhnen.

Einkommensarten

Der Arbeitnehmer erhält für seine Arbeitsleistung im Produktionsprozeß ein Entgelt. Je nach Art der Tätigkeit muß für die Festsetzung der Höhe des Entgeltes eine entsprechende Leistungsbewertung gefunden werden. Es wird generell unterschieden in

- **Zeitlohn**
  Der Zeitlohn wird gezahlt, wenn die Arbeitsleistungen nicht konkret meßbar sind, oder wenn die Qualität des Produktes im Vordergrund steht und nicht das Arbeitstempo. Die Entlohnung richtet sich nach den Anforderungen des Arbeitsplatzes und des Arbeitsvorganges sowie der Dauer der Arbeitszeit. Der Zeitlohn ist ein von der momentanen Arbeitsleistung unabhängiger Lohn. Das Entgelt errechnet sich beim Arbeiter aus dem Stundenlohn, der mit der Anzahl der im Monat abgeleisteten Arbeitsstunden multipliziert wird. Beim Angestellten wird eine monatliche Vergütung (Monatsgehalt) für seine Arbeitsleistung gezahlt.

– **Akkordlohn**
Der leistungsabhängige Akkordlohn wird gezahlt, wenn die Arbeitsleistung konkret meßbar oder das Arbeitstempo vorrangig ist. Für den Arbeitgeber ergibt sich der Vorteil der genauen Zuordnung der Personalkosten zu den Produktionskosten. Beim Geldakkord oder Stückgeldakkord erhält der Arbeitnehmer pro Einheit der erstellten Arbeitsleistung einen bestimmten Geldbetrag (G_b). Je mehr Leistungseinheiten (L) vom Arbeitnehmer in einer Stunde erstellt werden, desto höher ist sein Stundenlohn.
Stundenlohn = $L * G_b$
Beim Zeitakkord oder Stückzeitakkord wird für die Erstellung einer Arbeitsleistung eine bestimmte Richtzeit (RZ) vorgegeben und diese mit einem Geldfaktor (G_f) entlohnt. Je mehr Leistungseinheiten (L) mit einer bestimmten Vorgabezeit in einer Stunde erstellt werden, desto höher ist der Stundenlohn.
Stundenlohn = $L * RZ * G_f$

– **Prämienlohn**
Beim Prämienlohn wird auf einen garantierten Grundlohn eine zusätzliche Prämie gezahlt. Dieses System der Entlohnung findet häufig Anwendung bei besonders hochwertigen Arbeiten oder bei Arbeitsleistungen, die über das normale Maß hinausgehen. Im Versicherungsgewerbe ist die Höhe der Prämie abhängig von der Anzahl der abgeschlossenen Verträge.

Das vom Arbeitgeber für die Arbeitsleistung berechnete Entgelt heißt Bruttolohn. Der Arbeitgeber muß vom Bruttolohn die Lohnsteuer und Kirchensteuer an das Finanzamt und im Zuge der gesetzlichen Vorsorge die Versicherungsbeiträge an die gesetzlichen Sozialversicherungen abführen. Der sich daraus ergebende Nettolohn ist der Auszahlungsbetrag, den der Arbeitgeber dem Arbeitnehmer überweist.

In der Abbildung ist ein Beispiel zur Nettolohnberechnung dargestellt.

	4 500,00	DM	**Bruttolohn**
–	853,50	DM	Lohnsteuer (Kl. I) nach der Lohnsteuertabelle 18,97 %
–	76,81	DM	Kirchensteuer: 9 % der Lohnsteuer
–	438,55	DM	Rentenversicherung: 9,75 % des Bruttolohns
–	305,86	DM	Krankenversicherung: 6,8 % des Bruttolohns
–	146,18	DM	Arbeitslosenversicherung: 3,25 % des Bruttolohns
–	38,23	DM	Pflegeversicherung: 0,85 % des Bruttolohns
	2 641,87	DM	**Nettolohn**

Durch vermögenswirksame Leistungen, Kindergeld, Solidarzuschlag und freiwillige Arbeitgeberleistungen können noch andere Zuwendungen oder Abzüge hinzukommen.

Andere Formen des steuerlichen Einkommens sind die Zinsen für angelegtes Kapital, die Dividenden für den Ertrag aus Aktien und die Miete, Pacht oder Grundrente für bereitgestellten Boden.

2.3 Das Industrieunternehmen

Betriebliche Funktionseinheiten

Die Betriebe als Orte der Leistungserstellung oder Leistungsverwertung lassen sich in Bereiche unterteilen, die sich durch ihre betriebswirtschaftlichen Aufgabenstellungen und Strukturen unterscheiden. Betriebliche Funktionsbereiche sind z.B. Beschaffung, Lagerung, Produktion, Vertrieb, Finanzierung, Rechnungswesen, Personalwesen und Betriebsführung. Alle Bereiche sind wichtig für den Betrieb und greifen nach einem festgelegten System von Regeln und Abläufen (Organisation) ineinander. In den folgenden Abschnitten soll ein kurzer Überblick über die wichtigsten betrieblichen Funktionen gegeben werden.

Beschaffung (Einkauf)

Unter der Beschaffung wird meist die Versorgung des Betriebes mit allen Mitteln verstanden, die zur Erstellung von Dienstleistungen und Gütern notwendig sind. Hierzu zählen im wesentlichen Rohstoffe, Hilfsstoffe, Betriebsstoffe (z.B. Strom, Heizdampf) als betriebliche Verbrauchsgüter (Repetierfaktoren) und Maschinen sowie Apparaturen als Investitionsgüter (Potentialfaktoren). Die Beschaffung steht in enger Abhängigkeit zur Kapazität der Lagerhaltung. Diese soll dem Betrieb eine gewisse Unabhängigkeit von der Situation auf dem Beschaffungs- und Absatzmarkt verschaffen und als Pufferung für zeitlich unterschiedlich ablaufende betriebliche Vorgänge dienen.

Fertigung (Produktion)

Die Produktion ist das planmäßige Zusammenwirken von Arbeitskräften, Betriebsmitteln und Rohstoffen zur Erstellung von Gütern oder Dienstleistungen. Die dabei eingesetzten Fertigungsverfahren sind abzustimmen auf die zu produzierende Menge und auf die Unterschiedlichkeit der zu produzierenden Güter. Je nach Produkt und Menge lassen sich unterschiedliche Fertigungstechniken und Fertigungsorganisationen einsetzen.

Fertigung nach Produktionsmengen

- **Einzelfertigung**
  Das Produkt (Segelschiff, Turbine) wird durch Auftrag nach den besonderen Wünschen des Kunden erstellt. Die unterschiedlichen Ansprüche des Kunden lassen sich nur durch einen hohen Grad an manueller Arbeit erfüllen. Automatisation und Rationalisierung sind nur in begrenztem Umfang möglich, da sich der Investitionsaufwand für ein einzelnes Produkt nicht rentiert.

- **Serienfertigung**
  Endprodukte, häufig Gebrauchsgüter, werden in großen Mengen hergestellt. Die Stückzahl der Güter ist allerdings begrenzt. Der Anteil der manuellen Fertigung ist deutlich geringer als bei der Einzelfertigung. Rationalisierung und Automatisation nehmen im gleich Umfang zu. Die Arbeitszerlegung, die Teilung der Produktion in einzelne Arbeitsschritte, ist stark ausgeprägt.

- **Massenfertigung**
  Vor allem Verbrauchsgüter des täglichen Lebens (Streichhölzer, Zigaretten, Stecknadel u.ä.) werden zeitlich und mengenmäßig unbegrenzt für den Markt und nicht für einen speziellen Kunden produziert. Die Gewinnspanne dieser Produkte ist sehr gering. Deshalb müssen die Personalkosten durch einen hohen Grad an Automatisation niedrig gehalten werden.

Fertigung nach Produktarten

- **Sortenfertigung**
  Die Sortenfertigung liegt häufig bei der Herstellung von Zwischenprodukten vor. Aus dem Rohstoff wird eine Produktart mit geringen Unterschieden, z.B. Blechsorten mit unterschiedlichen Materialdicken, hergestellt.

- **Artikelfertigung**
  Aus verschiedenen oder ähnlichen Einsatzstoffen werden Endprodukte (Artikel), z.B. Kühlschränke und Waschmaschinen gefertigt.

- **Kuppelfertigung**
  Aus einem Einsatzprodukt entstehen im Folgeprozeß unterschiedliche Produkte, z.B. aus Rohöl wird Heizöl, Bitumen, Benzin und Schmieröl.

Die Fertigungsorganisation

- **Werkstattfertigung**
  Gleichartige Tätigkeitsgruppen werden in einem Betrieb (Schlosserei, Elektrowerkstatt) des Unternehmens zusammengefaßt. Diese Organisationsform liegt häufig bei wechselnden Arbeiten vor, die nach Auftrag ausgeführt werden.

- **Reihenfertigung**
  Jeder Arbeitsplatz entspricht einem Teilschritt im Ablauf des Produktionsprozesses. Die Arbeitsplätze sind durch Zwischenlager getrennt, die als Puffer bei etwaigen Störungen dienen sollen. Diese Organisationsform ist in der Regel mit der Serienfertigung verbunden.

- **Fließbandfertigung**
  Die Arbeitsplätze sind ohne Zwischenlager durch ein Fließband verbunden. Der Produktionsprozeß ist in sehr kleine Produktionsschritte zerlegt. Da der zeitliche Puffer des Zwischenlagers entfällt, sind genaue Zeitvorgaben für jeden Arbeitsplatz erforderlich. Die Organisationsform – mit ihrer einseitigen und monotonen Belastung – findet sich in der Hauptsache bei der Massenfertigung.

- **Gruppenfertigung**
  Große Teilbereiche oder das gesamte Endprodukt, z.B. der Motor oder das ganze Auto, wird von einer Arbeitsgruppe zusammengesetzt. Vorteilhaft ist, daß die Arbeit nicht monoton und der Arbeitnehmer nicht einseitigen Belastungen ausgesetzt ist. Die Arbeitsmotivation und die Identifikation mit dem Produkt kann darüber gesteigert werden. In Untersuchungen wurde nachgewiesen, daß die Ausschußquote der fehlerhaften Produkte sich verringert.

Vertrieb

Der Leistungserstellung im Betrieb nachgeordnet ist der Vertrieb bzw. Verkauf oder Absatz. Ziel des Unternehmens ist es mit Hilfe
- eigener oder fremder Vertriebssysteme
- der Produktgestaltung
- des Produktpreises
- der Werbung

ein Maximum an Gütern oder Dienstleistungen auf dem Absatzmarkt zu verkaufen. Die Informationen über den Absatzmarkt, die Wünsche, Bedürfnisse und Kaufkraft der Kunden werden dem Unternehmen durch die Marketingabteilung beschafft.

Finanzierung

Zur Finanzierung werden alle Maßnahmen gerechnet, die der Beschaffung, Bereitstellung, Verwaltung und Verwendung von Finanzmitteln (Geld) dienen.

Zu unterscheiden ist bei der Beschaffung von Geldmitteln die Innenfinanzierung – durch die anfallenden Gewinne des Unternahmens – und die Außenfinanzierung. Die Außenfinanzierung kann eigenfinanziert sein, wenn das Kapital aus der Erhöhung der Einlagen der Gesellschafter des Unternehmens stammt oder fremdfinanziert, wenn das Geld auf dem Kapitalmarkt in Form von Krediten aufgenommen wird.

Die Verwendung (Investition) des Kapitals wird unterschieden in Sachinvestition (z.B. Grundstücke, Anlagen, Vorräte), Finanzinvestition (z.B. Beteiligungen, Forderungen als Gläubiger) und sogenannten immateriellen Investitionen (z.B. Aus- und Weiterbildung, Sozialleistungen, Forschung).

Beide Seiten, Beschaffung und Verwendung der Geldmittel, werden in der Bilanz eines Unternehmens ausgewiesen bzw. gegenübergestellt.

Bilanz

Vermögen (Aktiva)	Kapital (Passiva)
■ Anlagevermögen und Finanzvermögen ■ Umlaufvermögen ■ Forderungen und flüssige Mittel	■ Eigenkapital ■ Fremdkapital und Verbindlichkeiten ■ Gewinn

Personalwesen

In den Personalabteilungen werden alle Entscheidungen über die Einstellung, Kündigung, Verwendung, Entlohnung und Betreuung der im Betrieb beschäftigten Arbeitnehmer getroffen.

Rechnungswesen

Das Rechnungswesen dient der Unternehmensführung als Informationsquelle für betriebliche Entscheidungen (z.B. Produktumstellung bei fallenden Marktpreisen des Produktes), für die Darstellung der finanziellen Situation des Unternehmens (z.B. Bilanz, Rechenschaftsbericht für die Hauptversammlung) und für Prognosen über die zukünftige Entwicklung des Unternehmens.

Weiterhin ist durch das Steuer- und Handelsrecht die Buchführung als Darstellung der Geschäftsabläufe vorgeschrieben. Sie dient zum Schutz und zur Information der Anteilseigner sowie zur Berechnung der Steuern des Unternehmens.

Betriebsführung

Unter der Betriebsführung versteht man entweder die Eigentümer oder die von den Eigentümern bestellten Geschäftsführer, Vorstandmitglieder, Manager oder Direktoren. Diese sollen die Interessen der Eigentümer im Betrieb wahrnehmen. Ihre Aufgabe ist die Planung des Gesamtaufbaus des Betriebes, die Festlegung der Fertigungsprogramme und Fertigungsmengen, die Abstimmung der einzelnen Funktionsbereiche und die Festlegung der Unternehmensziele. Häufig stehen der Unternehmensführung zur Erfüllung dieser Aufgaben Hilfsabteilungen (Stabsstellen) zur Verfügung. Hierzu zählen die Revision, Rechts-, Patent-, Planungs- und Organisationsabteilung.

Die Organisation des Unternehmens

Jedes Unternehmen muß organisiert werden (informelle Struktur). Je nach Aufbau wird den einzelnen Funktionsbereichen eine bestimmte Positon in der Struktur zugewiesen, die dem Entscheidungsablauf gerecht wird. Es sollen im folgenden zwei Grundtypen dargestellt werden
– die funktionsorientierte Organisation
– die produktorientierte Organisation.

Bei der funktionsorientierten Organisation sind der Unternehmensleitung Hauptabteilungen, gegliedert nach Funktionsbereichen unterstellt. Je nach Größe des Unternehmens sind diese Abteilungen in weitere Unterabteilungen gegliedert (Baumstruktur). Die Entscheidungsbefugnis nimmt streng von oben nach unten ab. Es besteht eine klare Übersicht der einzelnen Kompetenzverhältnisse. Nachteilig ist die Schwerfälligkeit dieser Organisationsform bei einem Informationsaustausch zwischen gleichgeordneten Instanzenebenen (z.B. Produktion: Betrieb A und Vertrieb: Marketing), die nur über den Dienstweg der übergeordneten Stelle möglich ist. Zur Unterstützung der Planungsorganisation können den einzelnen Instanzen Stabstellen zugeordnet sein.

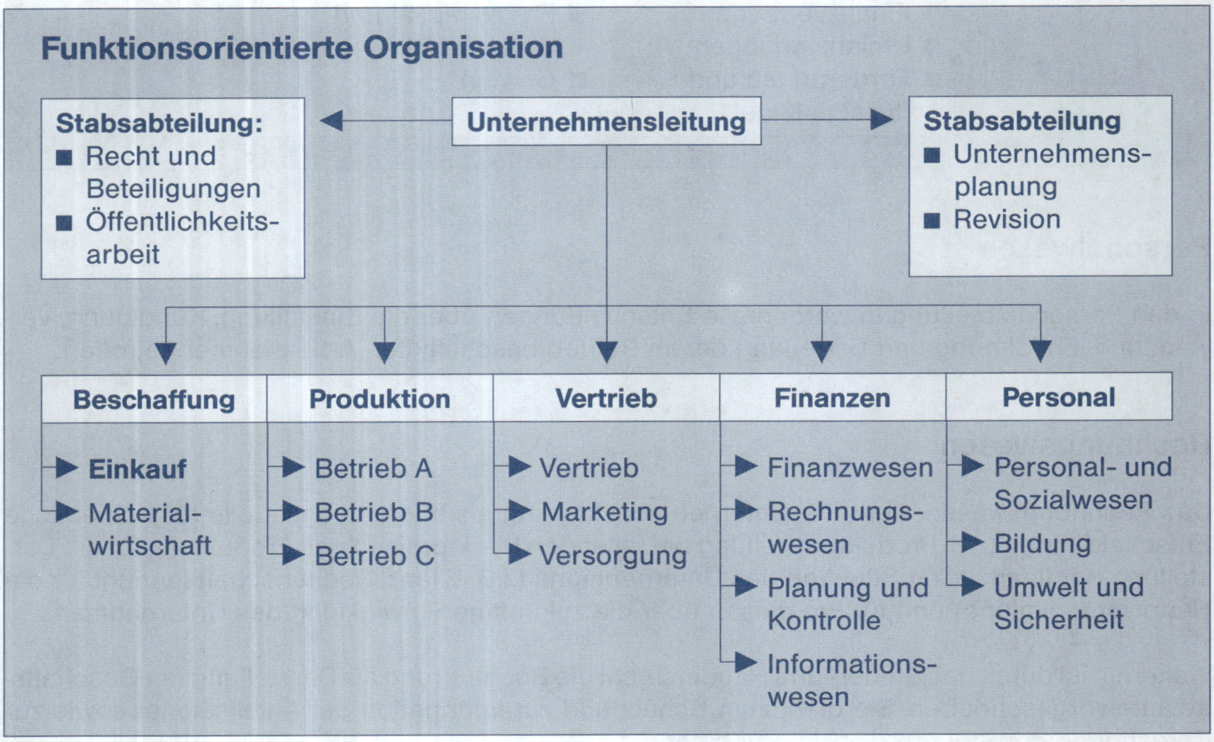

Eine andere verbreitete Form der Organisationsstruktur ist die Einteilung in Produkte bzw. Sparten oder Divisionen. Hierbei werden gleichgeartete Produkte (Produktgruppen) zu Sparten zusammengefaßt und die betrieblichen Funktionsbereiche den einzelnen Sparten zugeordnet. Die Sparten sind mit der Unternehmensleitung weitestgehend nur durch die finanzielle Ebene verbunden. Bereiche bei denen eine Zentralisierung (Zentralbereiche) sinnvoll erscheint (z.B. Rechtsabteilung, Personalwesen und Forschung) sind von der Einteilung in Sparten ausgenommen. Vorteil des Systems ist die schnelle Anpassungsfähigkeit der einzelnen Produktbereiche an die Marktverhältnisse durch die kürzeren Entscheidungswege zwischen den Abteilungen und die genaue Ermittlung der Beiträge der einzelnen Sparten am Gesamtbetriebsergebnis.

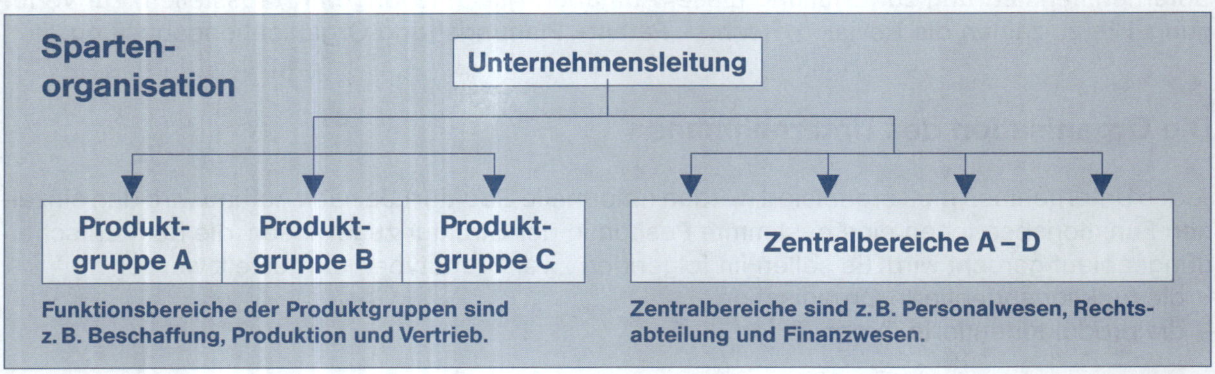

Funktionsbereiche der Produktgruppen sind z. B. Beschaffung, Produktion und Vertrieb.

Zentralbereiche sind z. B. Personalwesen, Rechtsabteilung und Finanzwesen.

Unternehmensziele und betriebliche Kennzahlen

Ziel des planmäßigen Handelns eines Unternehmens muß nicht nur das Erwirtschaften eines Gewinns sein. Ebenso können z. B. Qualitätsziele (Kundenzufriedenheit, fehlerfreie Produktion), der Aufbau einer Marktstellung, die Steigerung des Umsatzes, die Sicherheit und Erhaltung des Unternehmens, seine Unabhängigkeit oder soziale Aspekte Ziele des Unternehmens sein. Damit der Verlauf des planmäßigen Handelns zum Erreichen dieser Ziele beurteilt werden kann, müssen betriebliche Kennzahlen ermittelt werden. Hierzu zählen die Produktivität, Kapazität und Rentabilität.

Die Produktivität

Die Produktivität ist ein Ausdruck für die quantitative Leistungsfähigkeit des Betriebes. Sie stellt allgemein das Verhältnis von hervorgebrachten Leistungen zu eingesetzten produktiven Faktoren dar. Häufig wird die Produktivität nur auf einzelne produktive Faktoren bezogen, z.B:

$$\text{Arbeitsproduktivität} = \frac{\text{erstellte Güter und Dienstleistungen}}{\text{Menge des Arbeitseinsatzes}}$$

$$\text{Maschinenproduktivität} = \frac{\text{erstellte Güter und Dienstleistungen}}{\text{Menge des Maschineneinsatzes}}$$

Die Produktivität gewinnt erst eine Aussagekraft über den rationellen Einsatz der einzelnen betrieblichen Faktoren, wenn sie im Vergleich zu Kennzahlen aus früheren Jahren gesehen wird. Eine Steigerung der Produktivität kann allgemein durch Verbesserung der Arbeitsbedingungen und durch Rationalisierung und Automatisation erreicht werden.

Rationalisierung kann z.B. bedeuten, daß im Verwaltungsbereich mit Hilfe von Personalcomputern die Entscheidungshierachie und die Aufgabenverwaltung (Organisatorische Rationalisierung) gestrafft wird.

Da die Leistung eines Menschen nicht ins Unermeßliche steigerbar ist, eröffnet die Automatisation neue Möglichkeiten der Produktivitätssteigerung. Manuelle Arbeit wird durch Industrieroboter ersetzt. Positiv am Maschineneinsatz ist die körperliche Arbeitserleichterung, ein Beitrag zur Humanisierung der Arbeit. Der negative Aspekt der Automatisation ist, daß in der Regel Arbeitsplatzverluste zu befürchten sind.

Die Kapazität

Die Kapazität ist das normale Produktions- oder Leistungsvermögen eines Betriebes oder Betriebsteils. In der Regel ist ein Betrieb nicht 100 %ig ausgelastet, d.h. der Betrieb erreicht nicht seine normale Kapazität (z.B. durch Betriebsstörungen oder Kurzarbeit). Das Verhältnis von erstellter Leistung (Istzustand) zur normal möglichen Leistung (Solleistung) wird Kapazitätsauslastung genannt.

$$\text{Kapazitätsauslastung} = \frac{\text{Istzustand}}{\text{Sollzustand}} \times 100$$

Bei kontinuierlich arbeitenden, stark automatisierten Anlagen ist, um in der Gewinnzone zu arbeiten, eine Kapazitätsauslastung von ungefähr 70 % notwendig.

Die Rentabilität

Eine hohe Produktivität und Kapazitätsauslastung sind in der Regel Voraussetzung für die Erwirtschaftung eines Gewinnes. Der Gewinn stellt die wichtigste Triebkraft für unternehmerische Aktivitäten dar. Ein Unternehmen erzielt dann einen Gewinn, wenn die Werte der erstellten Leistungen (Güter, Zinsen, Mieteinkünfte) in einem Abrechnungszeitraum größer sind , als alle dazu benötigten Aufwendungen (Rohstoffverbrauch, Löhne, Abnutzung der Maschinen u.ä.). Im umgekehrten Fall liegt ein Verlust vor und das Unternehmen schreibt sogenannte rote Zahlen.

Die Gewinn- oder Verlustgröße gibt Auskunft über einen absoluten Geldbetrag. Soll eine Aussage darüber getroffen werden, mit welchem Erfolg das eingesetzte Kapital vermehrt wurde, muß der Gewinn mit dem eingesetzten Gesamtvermögen, dem Eigenkapital oder dem Umsatz für den Abrechnungszeitraum ins Verhältnis gesetzt werden. Bei der Unternehmerrendite bzw. Eigenkapitalrendite wird folgendes Verhältnis zugrundegelegt

$$\text{Eigenkapitalrendite} = \frac{\text{Reingewinn}}{\text{eingesetztes Kapital}} \times 100$$

Bei der Unternehmensrendite berechnet sich das Gesamtvermögen aus Eigenkapital und eingesetztem Fremdkapital. Dem Gewinn müssen dann folgerichtig die angefallenen Fremdkapitalzinsen zugeschlagen werden.

$$\text{Unternehmensrendite} = \frac{\text{Gewinn} + \text{Fremdkapitalzinsen}}{\text{Eigenkapital} + \text{Fremdkapital}} \times 100$$

Zur Berechnung der Umsatzgröße sind die erstellten Güter und Dienstleistungen in dem Abrechnungszeitraum mit dem jeweiligen Marktpreis zu multiplizieren.

$$\text{Umsatzrendite} = \frac{\text{Gewinn} + \text{Fremdkapitalzinsen}}{\text{Umsatz}} \times 100$$

2.4 Die Rechtsformen der Unternehmen

Zunächst sollen drei Begriffe geklärt werden, die häufig gleichrangig benutzt werden, aber unterschiedliches bedeuten.

- **Firma** – ist der Name, unter dem ein Unternehmen im Handelsregister geführt wird (Beispiel: Müller & Maier OHG).
- **Unternehmen** – ist die rechtliche Struktur, nach der ein Betrieb aufgebaut ist (Beispiel: Gesellschaft mit beschränkter Haftung).
- **Betrieb** – ist die organisatorische Einheit, in der konkret etwas produziert wird (Beispiel: Schlosserei).

Bei den Unternehmensformen unterscheidet man zwischen Einzelunternehmen und Gesellschaftsunternehmen. Die Gesellschaftsunternehmen unterteilen sich wiederum in Personengesellschaften und Kapitalgesellschaften. In der folgenden Übersicht werden die wichtigsten Rechtsformen gegenübergestellt.

	Einzel-unternehmung	PERSONENGESELLSCHAFTEN		KAPITALGESELLSCHAFTEN		Genossenschaft (eG)
		Offene Handels-gesellschaft (OHG)	**Kommandit-gesellschaft (KG)**	**Aktien-gesellschaft (AG)**	**Gesellschaft mit beschränkter Haftung (GmbH)**	
Zahl der Gründer	1	mindestens 2	mindestens 2	mindestens 1	mindestens 1	mindestens 7
Mindestzahl der Gesellschafter	–	2 Vollhafter	1 Vollhafter 1 Teilhafter	1 Aktionär	1 Gesellschafter	7 Genossen
Mindestkapital	–	–	–	Grundkapital 100 000 DM	Stammkapital 50 000 DM	–
Mindestanteil der Gesellschafter	–	–	–	1 Aktie Nennwert i.d.R. 5 DM	500 DM	–
Gewinn-beteiligung	allein	4 % des Kapitals, Rest nach Köpfen oder vertragliche Regelung	4 % des Kapitals, Rest in einem angemessenen Verhältnis oder vertragliche Regelung	Dividende	entsprechend der Stamm-einlage	entsprechend dem Geschäfts-guthaben
Verlust-beteiligung	allein	nach Köpfen	angemessenes Verhältnis	keine Beteiligung; Ausnahme: Konkurs, Kapital-herabsetzung	beschränkte oder unbeschränkte Nachschußpflicht	Abzug vom Geschäfts-guthaben
Geschäfts-führung	allein	jeder Gesellschafter	nur Vollhafter	Vorstand	Geschäftsführer	Vorstand
Vertretung	allein	Vollhafter einzeln oder gemeinsam	nur Vollhafter	Vorstand	Geschäftsführer	Vorstand
überwachendes Organ	–	–	–	Aufsichtsrat	evtl. Aufsichtsrat	Aufsichtsrat
beschließendes Organ	–	–	–	Haupt-versammlung	Gesellschafter-versammlung	General-versammlung
Haftung	allein und unbeschränkt	unmittelbar unbeschränkt, solidarisch	Vollhafter wie bei OHG; Teilhafter nur bis zur Höhe der Einlage	Aktienbetrag	Gesellschaftsanteil	Geschäftsanteil
gesetzliche Grundlage	BGB, HGB	HGB	HGB	Aktiengesetz	GmbH-Gesetz	Genossen-schaftsgesetz

Für welche Rechtsform sich ein Unternehmen entscheidet, ist von verschiedenen Faktoren abhängig: Finanzierungsmöglichkeiten, Entscheidungshierachie, Haftung, Mitbestimmungsmodalitäten, Publizitätspflicht usw.

Das Einzelunternehmen

Das Einzelunternehmen (H.Schmidt, Schreinerei) ist die am häufigsten gewählte Rechtsform (ungefähr 90 %). Vor allem Kleinbetriebe des Handwerks und des Handels wählen diese Unternehmensform. Der Eigentümer (Unternehmensgründer) ist alleinverantwortlich, und der Erfolg seines Unternehmens hängt weitgehend von seinen berufspezifischen und kaufmännischen Fähigkeiten ab. Dabei kann er aufgrund der kurzen Entscheidungswege gegenüber einem Großkonzern flexibler auf Marktveränderungen reagieren.

Der Einzelunternehmer trägt das Risiko und folglich auch den Gewinn oder Verlust alleine. Da das Unternehmen zu seinem Vermögen zählt, ist er im Schadensfall auch unbeschränkt bzw. persönlich haftbar (Vollhafter). In einem Schadensfall muß er demnach mit seinem Firmenvermögen und Privatvermögen haften.

Der Einzelunternehmer ist aufgrund seines geringen Kapitalpolsters in wirtschaftlichen Flauten konkursanfälliger. Aus diesem Grunde besitzt er bei den Banken eine geringere Kreditwürdigkeit als größere Unternehmen. Wegen seiner geringen Kapitaldecke ist der Produktionsprozeß nur wenig automatisiert. Die manuelle, den ganzen Produktionsprozeß begleitende, Arbeit überwiegt.

Die Personengesellschaften

Personengesellschaften werden im allgemeinen gegründet, um das Risiko des einzelnen bei der Haftung auf mehrere Personen zu verteilen. Weiterhin bei erhöhtem Kapitalbedarf zur Produktionsausweitung, zur Verbreiterung der Kapitalbasis und damit der Kreditwürdigkeit, sowie der Aufnahme von Fachleuten in die Geschäftsleitung zur Verbreiterung der fachlichen Basis. Aber auch die Veränderung von Familienverhältnissen (Scheidung, Vererbung) können Gründe für die Umwandlung eines Einzelunternehmens in eine Personengesellschaft sein. Als Nachteil der Personengesellschaft – gegenüber dem Einzelunternehmen – kann der Zwang zum Kompromiß, als Vorteil die Aufgabenteilung in der Geschäftsführung angesehen werden.

Die Offene Handelsgesellschaft (OHG)

Die OHG ist ein Unternehmen, das von mindestens zwei Gesellschaftern gegründet wird. Alle Gesellschafter sind berechtigt, an der Unternehmensführung teilzunehmen. In der Bezeichnung der Firma muß wenigstens der Name eines Gesellschafters aufgeführt sein, mit einem Zusatz über das Gesellschaftsverhältnis (z. B. OHG, Co, Gebr.). Es können aber auch mehrere oder alle Gesellschafter in der Firma enthalten sein. Der Kunde soll wissen, wer in dem Unternehmen unbeschränkt und unmittelbar haftet. Hierbei bedeutet unmittelbar, daß der Gläubiger sich zur Begleichung der Schuld nicht an das Unternehmen, sondern direkt an den Gesellschafter halten kann. Weiterhin ist bei der Haftung wichtig, daß jeder Gesellschafter für die Schuld des anderen in voller Höhe einstehen muß. Verluste und Gewinne werden zwischen den Gesellschaftern nach einem Schlüssel aufgeteilt.

Die Kommanditgesellschaft (KG)

Die KG unterscheidet sich vor allem gegenüber der OHG durch die unterschiedliche Art der Haftung der Gesellschafter im Unternehmen. Der Komplementär (Firmengründer), als persönlich haftender Gesellschafter, stellt die Unternehmensführung. Mindestens ein persönlich haftender Gesellschafter ist in der Firma aufzuführen. Der Kommanditist (Geldgeber), als beschränkt haftender Gesellschafter, haftet nur mit seiner Geldeinlage und wird im Firmennamen nicht aufgeführt. Für sein geringeres Risiko in der Haftung muß der Kommanditist in Kauf nehmen, daß er nur wenige Einspruchsrechte bei der Unternehmensführung hat.

Die Kapitalgesellschaften

Die Finanzierung der Kapitalgesellschaften erfolgt über Anteile, die in der Regel frei übertragbar und nicht an Personen gebunden sind. Unter diesen Bedingungen ist es für die Kapitalgesellschaften leichter, sich größere Geldmengen auf dem Kapitalmarkt für die Finanzierung des Unternehmens zu besorgen. Weil das Kapital nicht mehr an bestimmte Personen gebunden ist, kann eine persönliche Haftbarmachung nicht mehr erfolgen. Die Kapitalgesellschaften werden deshalb als rechtlich selbständige Einheiten (juristische Person) behandelt, die ebenso wie eine natürliche Person Rechtsgeschäfte abschließen und für die Schuldansprüche aus diesen Verträgen haftbar gemacht werden können. Da die Haftung sich nur auf das Firmenvermögen bezieht, liegt hier eine beschränkte Haftung vor. Aus der juristischen Selbständigkeit des Unternehmens gegenüber den Kapitaleignern folgt, daß die Geschäftsführung häufig micht mehr mit den Firmeneigentümern sondern mit von ihnen beauftragten Personen besetzt ist.

Damit das Konkursrisiko und das Arbeitsplatzrisiko gering gehalten wird, schreibt der Gesetzgeber ein hohes Gründungskapital für diese Unternehmensformen vor. Zur Absicherung der Geldgeber und der Arbeitnehmer gehört auch, daß die wirtschaftliche Lage einer Kapitalgesellschaft überprüfbar sein muß. Kapitalgesellschaften müssen deshalb regelmäßig ihre Bilanzen und Veränderungen in der Unternehmensführung veröffentlichen (Publizitätspflicht).

Die Aktiengesellschaft (AG)

Sie ist die bekannteste Kapitalgesellschaft. Das Gründungs- oder Grundkapital von 100 000,00 DM muß von mindestens einer Person aufgebracht werden. Es wird in Anteile von mindestens 5 DM gestückelt, die Aktien heißen. Für die Aktiengesellschaft sind gesetzlich 3 Organe vorgeschrieben
- die Hauptversammlung der Aktionäre
- der Aufsichtsrat
- der Vorstand.

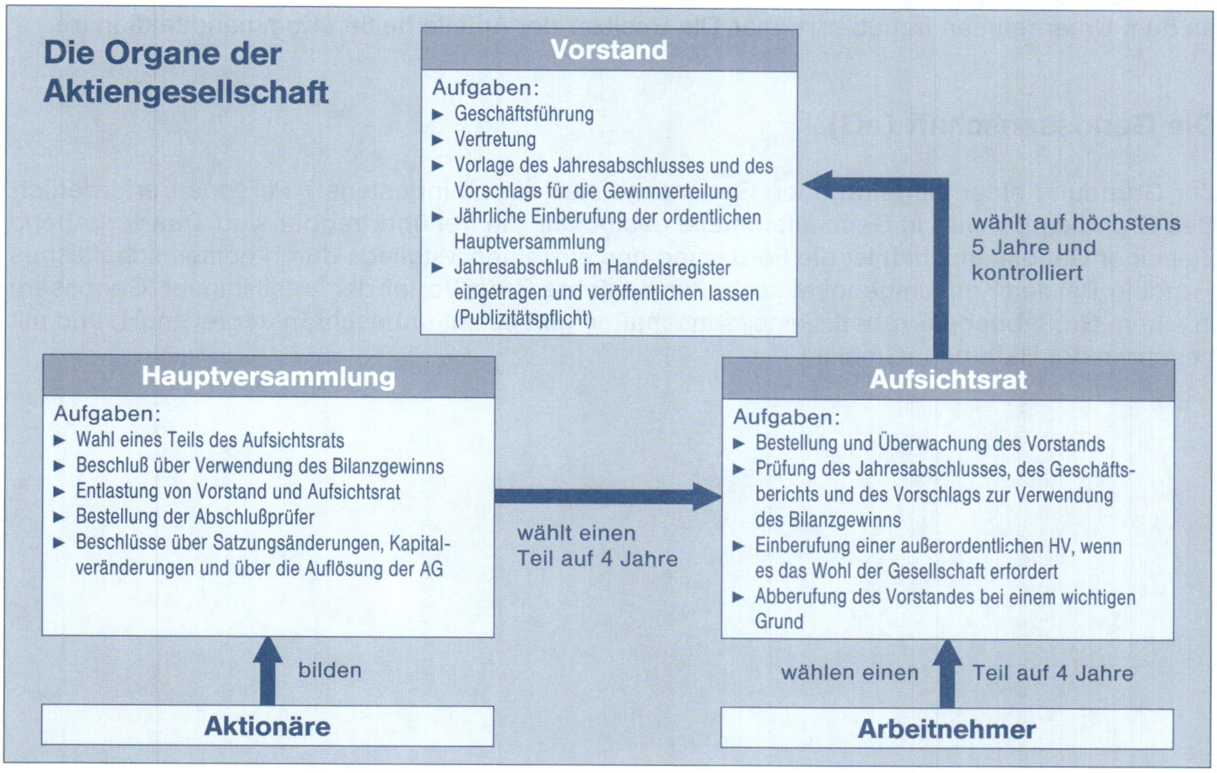

Die **Aktien** sind der verbriefte Anteil (Eigentum) an einem Unternehmen. Sie werden in der Regel mit einem Nennwert (aufgedruckter DM-Betrag auf der Aktie) von 50 DM auf das Stammkapital herausgegeben. Kleinere Stückelungen bis zu 5 DM je Aktie sind möglich, wenn das Unternehmen sich hierüber z. B. eine größere Akzeptanz verspricht. Neben dem verbrieften Anteil hat man das Anrecht auf Bezug einer Dividende. Die Dividende ist eine anteilige Barausschüttung je Aktie vom Jahresgewinn. Die Höhe der Dividende wird auf Vorschlag des Aufsichtsrats von der Hauptversammlung der Aktionäre festgelegt.

Aktien werden auf speziellen Märkten, den Börsen gehandelt. Der Preis, zu dem sie an den Börsen gekauft oder verkauft werden können, kann vom Nennwert abweichen und heißt Kurswert der Aktie. Diese werden täglich in den Börsennachrichten der Zeitungen veröffentlicht. Der Kurswert einer Aktie hängt nicht nur von der wirtschaftlichen Entwicklung des Unternehmens, sondern auch von Faktoren wie Devisenkurse, politische Situationen und Zinsentwicklungen ab.

Die Gesellschaft mit beschränkter Haftung (GmbH)

Die GmbH ist einfacher zu gründen als eine Aktiengesellschaft. Das Gründungskapital ist mit 50.000 DM niedriger und die Publizitätsauflagen sind nicht so streng. Das Stammkapital ist in Gesellschaftsanteile zu 500 DM gestückelt und kann von einer oder mehreren Personen (Gesellschaftern) aufgebracht werden. Die Haftung ist, wie in der Unternehmensform angedeutet, nur auf das Firmenvermögen beschränkt. Eine GmbH hat mindestens zwei Organe

- die Geschäftsführung
- die Gesellschafterversammlung.

Die Kommanditgesellschaft auf Aktien (KGaA)

Die Einlage der beschränkt haftenden Gesellschafter ist in Aktien zerlegt. Damit sind diese Anteile an dem Unternehmen frei übertragbar. Die Besitzer der Anteile heißen Kommanditaktionäre.

Die Genossenschaft (eG)

Zur Gründung einer eingetragenen Genossenschaft sind mindestens 7 Personen erforderlich. Das Grundkapital wird in Geschäftsanteile gestückelt, die frei übertragbar sind. Das vorgebene Ziel einer Genossenschaft ist die Förderung des einzelnen Mitglieds durch gemeinschaftliches Handeln. Bei den Konsumgenossenschaften besteht z.B. der Vorteil der Anteilseigner (Genossen) in einem Großabnehmerrabatt. Genossenschaften gibt es mit unbeschränkter (eGmuH) und mit beschränkter Haftung (eGmbH).

3 Die Interessenvereinigungen in der Wirtschaft

Die Wirtschaftsordnung – aber auch das einzelne Arbeitsverhältnis in der Industdrie – wird durch die Interessenvereinigungen der Arbeitnehmer und Arbeitgeber mitgestaltet. Die allgemeinen Aufgaben dieser Interessenvereinigungen sind
- die Kanalisierung und Bündelung von einzelnen Interessen der Mitglieder
- die Auswahl und Gewichtung der artikulierten Interessen der Mitglieder
- die Darstellung der Interessen als gesellschaftliche formulierte Forderungen an die Adressaten
- die Schulung der Mitglieder.

Für die gewerbliche Wirtschaft sind vor allem folgende Gruppierungen und Institutionen von Bedeutung:
- Gewerkschaften
- Arbeitgeberverbände
- Industrie- und Handelskammern
- Gewerbeaufsichtsämter
- Berufsgenossenschaften
- Technische Überwachungsvereine.

3.1 Die Gewerkschaften

Die Entwicklung der Gewerkschaften

Auslöser für die Gründung der Gewerkschaften waren die Folgen der sogenannten „Industriellen Revolution" in der ersten Hälfte des 19. Jahrhunderts in Deutschland. Die industrielle Revolution zerstörte die mittelalterliche Wirtschaftsordnung, die auf der Landwirtschaft mit leibeigenen Arbeitern und dem handwerklichen Zunftwesen beruhte. Die maschinelle Produktion in Fabrikgebäuden wurde zur neuen beherrschenden Produktionsform.

Die Auswirkungen auf den Menschen und seine Arbeit waren einschneidend. Der Lohnarbeiter in der Fabrik war eine „Ware" ohne nennenswerte politische und wirtschaftliche Rechte. Nur über einen Einzelarbeitsvertrag an das Arbeitsverhältnis gebunden, befand er sich gegenüber dem Arbeitgeber in einer wirtschaftlich und rechtlich wesentlich schlechteren Position. Der Arbeitgeber konnte die Arbeitsbedingungen diktieren und die Arbeiter ausbeuten.

Mit dem Anstieg der industriellen Fertigung wuchs auch die Zahl der Lohnarbeiter, und ihr politisches und wirtschaftliches Gewicht wurde immer größer. So war es nur eine logische Konsequenz, daß die Arbeiter schlagkräftige Organisationen bildeten, die der wirtschaftlichen und politischen Unterdrückung durch die Arbeitgeber entgegenwirken sollten. Zwischen 1861 und 1869 entstanden die Gewerkschaften, als Vertretungsorgane der Arbeiter. 1869 fand dann erstmals die Koalitionsfreiheit und die Tarifautonomie gesetzliche Erwähnung. Der erste Tarifvertrag wurde kurze Zeit später 1873 in der Buchdruckerindustrie abgeschlossen.

Im folgenden werden die wichtigsten Veränderungen im Arbeitsrecht, an denen die Gewerkschaften direkt oder indirekt beteiligt waren, aufgeführt. Zunächst waren die soziale Absicherung und die Verbesserung der Arbeitsbedingungen die Schwerpunkte der gewerkschaftlichen Arbeit.

Schaffung von Vorsorgeeinrichtungen
- Krankenversicherung (1884)
- Unfallversicherung (1883)
- Invaliditäts- und Altersversicherung (1889)

Arbeitsschutzrechte
- Kinderarbeitsschutzgesetz
- Mutterschutzgesetz
- Arbeitszeitschutzgesetz

Mindestlöhne

Bis zum Ende der Weimarer Zeit setzten sich die Gewerkschaften dann für die Verwirklichung der ersten Mitspracherechte für die Arbeitnehmer ein.
- Gesetzliche Absicherung des Rechts auf den autonomen Abschluß von Tarifverträgen und die Anerkennung der Gewerkschaften
- 8 Stundentag (1918)
- Einführung des Betriebsrätesystems (1920)
- Kündigungsschutz (1924)
- Einrichtung von Arbeitsgerichten (1926)
- Arbeitslosenversicherung (1928)

Während der nationalsozialistischen Herrschaft wurden alle Interessenverbände aufgelöst und in die nationalsozialistische Hierachie (Deutsche Arbeiterfront) eingeordnet.

Seit der Gründung der Bundesrepublik Deutschland ist die Verwirklichung von Mitbestimmungsrechten ein Schwerpunkt gewerkschaftlicher Arbeit.
- Bildung der Einheitsgewerkschaften (1949)
- Mitbestimmungsgesetz für Kohle- und Stahlindustrie im Montanbereich (1951)
- Betriebsverfassungsgesetz (1952)
- Arbeitsförderungsgesetz (1969)
- Mitbestimmungsgesetz (1976)

Für die Zukunft werden – durch den Einsatz von Computern bedingt – Gestaltungsaspekte der Arbeit immer wichtiger.
- Verkürzung der Lebens- und Wochenarbeitszeit. Die dadurch gewonnenen Freiräume dienen einer Neubestimmung des menschlichen Daseins.
- Erarbeitung neuer Berufsbilder und Mitbestimmung bei der Einführung neuer Technologien

Der Organisationsaufbau der Gewerkschaften

Nach dem Zusammenbruch des Nationalsozialistischem Systems fand 1949 bei den Gewerkschaften eine Neuorganisation statt. In der Bundesrepublik Deutschland wurde der Deutsche Gewerkschaftsbund (DGB) als Dachverband mit seinen Einzelgewerkschaften gegründet.

Die Gewerkschaften sind nach zwei grundlegenden Prinzipien organisiert
- **Einheitsgewerkschaft**
  Die freiwillige Mitgliedschaft soll unabhängig von ethisch-religiöser oder parteipolitischer Orientierung und arbeitsrechtlicher Stellung (Arbeiter, Angestellter) sein.
- **Industrieverbandsprinzip**
  In einem Unternehmen werden die Interessen der Arbeitnehmer nur von einer Gewerkschaft vertreten. Die Arbeitnehmer aller Unternehmen mit hauptsächlich gleicher Produktion werden bundesweit nur von einer Gewerkschaft vertreten. Der Industriemechaniker in der chemischen Industrie wird z.B. von der IG Chemie, Papier und Keramik, der Chemielaborant in einem metallverarbeitenden Unternehmen von der IG Metall vertreten. Bei einem Wechsel der Arbeitsstätte kann somit auch ein Wechsel der Gewerkschaftszugehörigkeit verbunden sein.

Das Ziel, die Einheitsgewerkschaft als alleinige Interessenvertretung der Arbeitnehmer zu etablieren, wurde allerdings nicht vollständig erreicht. Als beruflich ausgerichtete Interessenvertretungen existieren noch
- die Deutsche Angestelltengewerkschaft (DAG)
- der Deutsche Beamtenbund (DBB).

Als Richtungsgewerkschaft mit religiöser Orientierung besteht noch
- der Christliche Gewerkschaftsbund (CGB).

Neben den DGB-Gewerkschaften können diese Interessenvertretungen zusätzlich im Betrieb vertreten sein. Damit haben auch sie das Recht, mit den Arbeitgebervertretern Tarifverträge abzuschließen.

In den vier Dachverbänden waren Ende 1996 ungefähr 33,7 % aller Arbeitnehmer (32,19 Millionen abhängig Beschäftigte) organisiert.

- DGB: 8,30 Millionen Arbeitnehmer
- DBB: 1,08 Millionen Arbeitnehmer
- DAG: 0,50 Millionen Arbeitnehmer
- CGB: 0,30 Millionen Arbeitnehmer

Der DGB als größter Dachverband ist in 16 Landesbezirke unterteilt und in 12 Einzelgewerkschaften gegliedert. Höchstes Gremium des DGB ist der Bundeskongreß.

Einzelgewerkschaften im DGB (Stand 1998)

DGB-Gewerkschaft	Mitglieder in Mio. Arbeitnehmer (gerundet)
IG Bauen-Agrar-Umwelt	0,62
IG-Bergbau-Chemie-Energie	0,97
Gewerkschaft der Eisenbahner Deutschlands	0,35
Gewerkschaft Erziehung und Wissenschaft	0,28
Gewerkschaft Handel, Banken und Versicherungen	0,47
Gewerkschaft Holz und Kunststoff	0,15
IG Medien	0,18
IG-Metall	2,77
Gewerkschaft Nahrung-Genuß-Gaststätten	0,28
Gewerkschaft Öffentliche Dienste, Transport und Verkehr	1,58
Gewerkschaft der Polizei	0,19
Deutsche Postgewerkschaft	0,47

Der DGB als Koordinierungsorgan der Einzelgewerkschaften hat vor allem die folgenden Aufgaben
- die Interessenvertretung gewerkschaftlicher und politischer Standpunkte gegenüber den Parteien und der Regierung
- die Vorbereitungen und Stellungnahmen zu Gesetzen der Sozialpolitik
- die Unterstützung der Mitgliedsverbände beim Arbeitskampf
- der Ausbau und die Sicherung des demokratischen und sozialen Rechtstaats
- die Mitwirkung bei den Selbstverwaltungen der Sozialversicherungen
- die Mitwirkung bei den Arbeits- und Sozialgerichten
- die Verwaltung des Gewerkschaftsvermögens des DGB
- die Erarbeitung von Grundsätzen zur Tarifpolitik. Der DGB darf jedoch keine Tarifverträge abschließen.

Die Hauptaufgaben der Einzelgewerkschaften im DGB sind
- das Abschließen der Tarifverträge
- die Zahlung der Streikunterstützung
- die Rechtsvertretung und Beratung der Mitglieder
- die Fort- und Weiterbildung der Mitglieder
- die Wahrnehmung der Interessen ihrer Mitglieder im Betrieb durch gewerkschaftliche Vertrauensleute
- die Unterstützung der Mitglieder im Alter und in Notfällen (keine Rente).

Das Gewerkschaftsvermögen

Eine Gewerkschaft muß ein entsprechendes Kapital aus den Gewerkschaftsbeiträgen ansammeln, damit ein Streik nicht wegen Geldmangels (Zahlung der Streikunterstüzung) abgebrochen werden muß. Das angesammelte Kapital wird unter gewerkschaftlich sinnvollen Aspekten in der Wirtschaft angelegt. Die Gewerkschaften beteiligen sich an gemeinwirtschaftlichen Unternehmen, die dem Zweck der wirtschaftlichen Selbsthilfe dienen. In der Vergangenheit gehörten dazu Genossenschaften, Spargemeinschaften, gemeinnützige Wohnungsunternehmen, Verlage und Büchergilden.

3.2 Die Organisation der Arbeitgeberverbände

Wenn man von Zünften und ähnlichen Vereinigungen absieht, wurde der Großteil der Arbeitgeberverbände erst nach der Bildung der Gewerkschaften, Ende des 19. Jahrhunderts, gegründet. Sie stellten die Antwort auf die immer stärker werdenden Gewerkschaften dar, die den Demokratisierungsprozeß gegen die Interessen des Kapitals vorantrieben.

Die einzelnen Arbeitgeber haben sich heute in regionalen Fachverbänden nach dem Industrieverbandsprinzip organisiert. Ungefähr 80 % aller Arbeitgeber gehören den Verbänden an. Die Mitgliedschaft in den Verbänden ist freiwillig.

Als Dachverband (Gegenorganisation zum DGB) der insgesamt 46 Fachverbände fungiert die Bundesvereinigung der Deutschen Arbeitgeberverbände (BDA). Die Aufgaben des BDA sind
- die Bildung und die Vertretung der Meinungen ihrer Mitglieder zur Sozial-, Wirtschafts- und Gesellschaftspolitik
- das Erarbeiten von Stellungnahmen zu Gesetzen, die die Arbeitgeberinteressen berühren
- die Benennung von Vertretern bei den Arbeits- und Sozialgerichten
- die Benennung von Vertretern bei den Selbstverwaltungen der Sozialversicherungen
- die Repräsentation und Kontaktpflege auf internationaler Ebene.

Die BDA ist nicht tariffähig. Das Abschließen von Tarifverträgen fällt alleine in die Kompetenz der Fachverbände oder des einzelnen Arbeitgebers. Nicht in der BDA organisiert sind der öffentliche Dienst, sowie die Wirtschaftsvereinigung der Kohle- und Stahlindustrie (Montanbereich).

3.3 Die Industrie- und Handelskammern (IHK)

Die insgesamt 83 Industrie- und Handelskammern in Deutschland sind Körperschaften des öffentlichen Rechts, d.h., sie stehen unter staatlicher Kontrolle. Sie sind als Selbstverwaltungen der Industriebetriebe organisiert und stehen unter der Fachaufsicht des zuständigen Wirtschaftsministers. Für die im Kammerbezirk ansässigen Industrie- und Handelsunternehmen besteht Pflichtmitgliedschaft. Die Hauptaufgaben der IHK sind

- die fachliche Beratung ihrer Mitglieder in wirtschaftlichen und technischen Fragen
- die Kooperation mit den örtlichen politischen Parteien und Verwaltungsinstanzen auf wirtschaftspolitischer Ebene
- die Unterstützung ihrer Mitglieder bei Außenhandelsgeschäften durch die Auslandshandelskammern
- die Erteilung von Ausbildungserlaubnissen für Betriebe
- die Einrichtung von Schiedsstellen, z.B. Berufsausbildungsausschuß, bei arbeitsrechtlichen Streitigkeiten
- die Ausbildungsberatung
- die Führung der Berufsausbildungsverhältnisse in der Ausbildungsrolle
- die Überwachung der Aus- und Weiterbildung (Zuständige Stelle)
- die Abnahme der Facharbeiter- und Meisterprüfungen
- die Einrichtung von Fachausschüssen, z.B. Prüfungsausschüssen
- der Erlaß von Rechtsverordnungen nach dem Berufsbildungsgesetz.

Auf Bundesebene werden die Industrie- und Handelskammern und damit die in ihnen organisierten Betriebe vom Deutschen Industrie- und Handelstag (DIHT) vertreten.

3.4 Der technische Arbeitsschutz

Der Arbeitsschutz in der Bundesrepublik Deutschland wird durch zwei sich ergänzende und überschneidende Systeme überwacht und geregelt

- die staatlichen Gewerbeaufsichtsämter
- die Berufsgenossenschaften.

Die rechtlichen Grundlagen für ihr Handeln ergeben sich aus den staatlichen Gesetzen, Verordnungen und Unfallverhütungsvorschriften. Unterstützende Regelungen für den Arbeitsschutz finden sich in den DIN-Vorschriften (Deutsches Institut für Normung) und den VDE-Bestimmungen (Verband Deutscher Elektrotechniker). Beide Systeme haben dafür Sorge zu tragen, daß

- der Arbeitnehmer, soweit technisch möglich, vor Verletzungen geschützt wird,
- durch den Arbeitsplatz keine Erkrankungen verursacht werden,
- der Arbeitsplatz nach humanen Gesichtspunkten gestaltet wird und
- dem Umweltschutz Rechnung getragen wird.

Die Berufsgenossenschaften

Die Berufsgenossenschaften sind nach Branchen gegliedert. Innerhalb des gewerblichen Bereichs gibt es 34 Berufsgenossenschaften, die für das gesamte Bundesgebiet zuständig sind. Die Mitgliedschaft ist Pflicht.

Ihre gesetzlich übertragene Aufgabe nach der Reichsversicherungsordnung ist ausschließlich die Verhütung von Unfällen. Hierzu erlassen sie für ihren Zuständigkeitsbereich Unfallverhütungsvorschriften, die von ihren technischen Überwachungsbeamten bei Betriebsbesichtigungen kontrolliert werden. Weitere Aufgaben sind
- die Überprüfung von Geräten in den berufsgenossenschaftlichen Prüfstellen
- die Aus- und Fortbildung von Sicherheitsbeauftragten und Sicherheitsfachkräften
- die Erstellung von Unfallverhütungsvorschriften und Unfallstatistiken.

Die Gewerbeaufsichtsämter (Ämter für Arbeitsschutz und Sicherheitstechnik)

Die Gewerbeaufsichtsämter sind regional gegliedert. Sie überwachen und kontrollieren alle in ihrem Bezirk ansässigen Unternehmen auf Einhaltung der Gesetze und Verordnungen. Die technischen Überwachungsbeamten der Ämter haben die Möglichkeit, bei Verstößen Ordnungsstrafen zu verhängen. Zu ihren Aufgaben gehört unter anderem die Überwachung folgender Vorschriften
- Jugendarbeitsschutzgesetz
- Mutterschutzgesetz
- Gewerbeordnung
- Gerätesicherheitsgesetz
- Arbeitsstättenverordnung
- Gefahrstoffverordnung
- Chemikaliengesetz
- Arbeitssicherheitsgesetz
- Bundesimmissionsgesetz.

Die Kontrolle überwachungsbedürftiger Anlagen wie Druckbehälter, Aufzüge, Anlagen für brennbare Flüssigkeiten und elektrische Anlagen in explosionsgefährdeten Räumen wird weitgehend durch anerkannte Sachverständige der Technischen Überwachungsvereine (TÜV) vorgenommen.

Der innerbetriebliche Arbeitsschutz

In Betrieben mit mehr als 20 Arbeitnehmern, einem existierenden Betriebsrat und einem entsprechenden Gefährdungsgrad bei der Arbeit ist der Arbeitgeber verpflichtet
- einen Betriebsarzt einstellen
- einen Sicherheitsbeauftragten oder eine Sicherheitsfachkraft (Ingenieur) einzustellen
- einen Sicherheitsausschuß oder Arbeitsschutzausschuß mit beratender Funktion einzurichten.

In Betrieben mit mehr als zehn Arbeitnehmern muß der Arbeitgeber das Gefährdungspotential im Betrieb beurteilen, alle von ihm festgelegten Maßnahmen des Arbeitsschutzes überprüfen und dokumentieren.
Wichtige allgemeine Arbeitsschutzmaßnahmen des Arbeitgebers sind
- die Erstellung von Betriebsanweisungen über das Verhalten des Arbeitnehmers im Betrieb
- die Einweisung eines neuen Arbeitnehmers an seinem Arbeitsplatz
- die Kennzeichnung gefährlicher Stoffe
- die Einhaltung der maximalen Arbeitsplatzkonzentration (MAK) von gefährlichen Stoffen
- die regelmäßigen Unfallschutzübungen
- die Einrichtung von Werksfeuerwehren.

Diese Arbeitsschutzmaßnahmen gelten für alle Betriebe.

4 Arbeitsrecht

4.1 Die Anbahnung eines Arbeitsverhältnisses

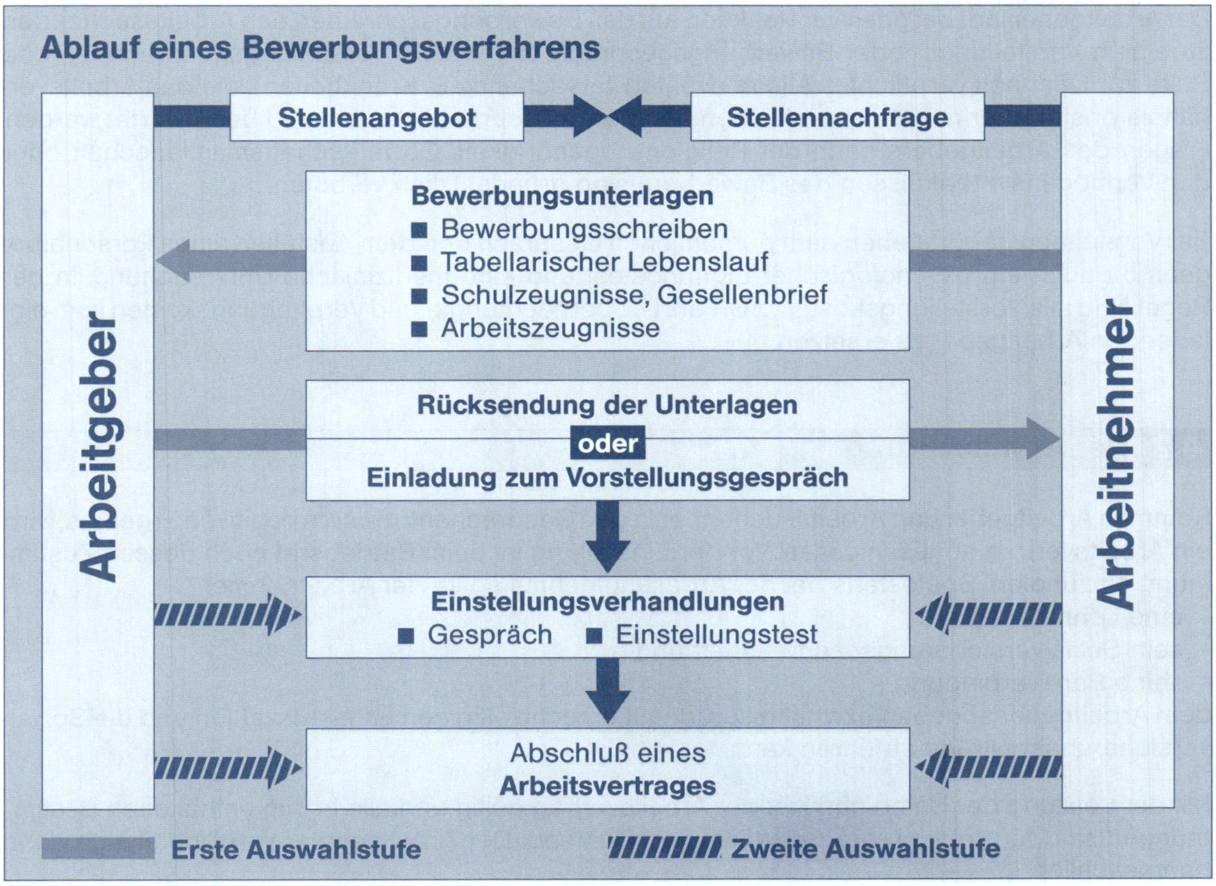

Das Stellenangebot

Ein Arbeitsverhältnis kommt in der Regel durch die Arbeitsvermittlung des Arbeitsamtes oder durch ein Stellenangebot in der Zeitung zustande. Die Bundesanstalt für Arbeit hatte bis zum 31.07.1994 ein Monopol für die Arbeitsvermittlung. Durch das Beschäftigungsförderungsgesetz ist es jetzt auch freien Unternehmen gestattet Arbeit zu vermitteln. Hierfür bedürfen sie aber der Zulassungserlaubnis durch die Bundesanstalt für Arbeit. Für die Berufsberatung sowie für die Ausbildungsplatzvermittlung besteht das Monopol der Bundesanstalt weiter. Nicht unter die Arbeitsvermittlung fällt der Verleih von Arbeitskräften.

Die Stellenangebote der Arbeitgeber sind grundsätzlich geschlechtsneutral auszuschreiben. Ausnahmen sind nur zulässig, wenn für den Arbeitsplatz geschlechtsspezifische Eigenschaften Voraussetzung sind.

Die Bewerbung

Der Arbeitssuchende antwortet auf das Stellenangebot mit dem Entsenden seiner Bewerbungsunterlagen. Die Bewerbungsunterlagen sollten folgendes enthalten:
- das Bewerbungsschreiben
- einen tabellarischen Lebenslauf mit einem Foto
- die letzten Schulzeugnisse und den Gesellenbrief
- die Arbeitszeugnisse aller vorherigen Arbeitsstellen.

In dem Bewerbungsschreiben sollte der Arbeitssuchende erklären, warum er sich gerade auf diese Arbeitsstelle bewirbt. Entspricht die Bewerbung nicht den Vorstellungen des Arbeitgebers, so muß der Arbeitgeber die Unterlagen wieder zurücksenden.

Die Einstellungsverhandlung

Der Arbeitgeber lädt bei positiver Reaktion auf das Bewerbungsschreiben den Arbeitssuchenden zu einem Vorstellungs- oder Bewerbungsgespräch ein. In dem Vorstellungsgespräch ist jede Seite zur Offenheit verpflichtet. Alle relevanten Tatsachen (z.B. Krankheiten), die das Arbeitsverhältnis positiv oder negativ beeinflussen könnten, müssen wahrheitsmäßig beantwortet werden. Fragen des Arbeitgebers nach der Religionszugehörigkeit, Gewerkschaftsmitgliedschaft oder den Vermögensverhältnissen des Bewerbers sind grundsätzlich verboten.

Zur Vorstellung gehört neben dem persönlichen Gespräch und dem Ausfüllen eines Personalbogens oft auch ein psychologischer Eignungstest und eine medizinische Untersuchung. In der Regel sind alle Vorstellungskosten, z.B. Fahrt-, Übernachtungs- und Verpflegungskosten vom einladenden Arbeitgeber zu ersetzen.

4.2 Der Arbeitsvertrag

Kommen Arbeitgeber und Arbeitssuchender in den Gesprächen zu einem positiven Ergebnis, wird ein Arbeitsvertrag abgeschlossen. Vor der Einstellung ist beim Betriebsrat noch dessen Zustimmung einzuholen. Spätestens bei der Arbeitsaufnahme sollte der Arbeitnehmer
- eine Lohnsteuerkarte,
- sein Sozialversicherungsnachweisheft und
- seine Bankverbindung

dem Arbeitgeber abgeben bzw. mitteilen, damit er rechtzeitig den Lohn auszahlen und die Sozialversicherungsbeiträge abführen kann.

Mit der Leistung der Unterschrift ist der Arbeitsvertrag gültig und alle in ihm enthaltenen Bestimmungen sind für beide Vertragsparteien verpflichtend. Der Arbeitnehmer verpflichtet sich darin hauptsächlich
- seine Arbeitskraft zur Verfügung zu stellen (Arbeitspflicht)
- den Anweisungen der Vorgesetzten Folge zu leisten (Gehorsamspflicht)
- anderen gegenüber keine Betriebsgeheimnisse preiszugeben (Verschwiegenheitspflicht)
- dem Arbeitgeber in keinster Weise vorsätzlich Schaden zuzufügen (Treuepflicht).

Der Arbeitgeber verpflichtet sich
- dem Arbeitnehmer ein entsprechendes Entgelt zu zahlen (Vergütungspflicht)
- einen angemessenen Urlaub zu gewähren (Urlaubsgewährungspflicht)
- für das Eigentum des Arbeitsnehmers und seine Sicherheit im Betrieb Sorge zu tragen (Fürsorgepflicht).

Der Arbeitsvertrag wird in der Regel schriftlich abgeschlossen. Ein mündlich abgeschlossener Arbeitsvertrag ist aber ebenfalls gültig.

Die Vertragsbestimmungen, die das Arbeitsverhältnis beschreiben, sind nicht in jedem Umfang frei festlegbar. Das gesetzliche Arbeitsrecht gibt zum Schutz des Arbeitnehmers Mindestnormen vor, die nicht verletzt werden dürfen. Auch in den Tarifverträgen und den Betriebsvereinbarungen, die für viele Arbeitsverhältnisse gelten (Kollektivrecht), stehen Mindestnormen, die nicht unterschritten werden dürfen. Von diesem kollektiven Arbeitsrecht kann im Einzelarbeitsvertrag nur zum Vorteil des Arbeitnehmers (Günstigkeitsprinzip) abgewichen werden.

Normen, die den Inhalt des Arbeitsvertrages beeinflussen

Gesetzlicher Arbeitsschutz
- Kündigungsschutzgesetz
- Bundesurlaubsgesetz
- Arbeitszeitgesetz
- Lohnfortzahlungsgesetz
- Mutterschutzgesetz
- Jugendarbeitsschutzgesetz

Kollektivarbeitsrecht
- Tarifvertrag
- Betriebsvereinbarung

Individualarbeitsrecht
- Gratifikation
- Ruhegeld
- Haftung

In den folgenden Abschnitten zum Arbeitsvertag werden die wichtigsten Vertragsbestimmungen mit den gesetzlichen Regelungen dargestellt.

Die Probezeit

Ein neues Arbeitsverhältnis beginnt mit der Probezeit, die zur gegenseitigen Überprüfung dient. Die Probezeit darf nicht länger als sechs Monate dauern. Eine Verlängerung ist nur im Fall einer Erkrankung des Arbeitnehmers möglich. Die Probezeit kann dann um die Dauer der Krankheit verlängert werden.

In der Probezeit kann das Arbeitsverhältnis durch den Arbeitgeber oder Arbeitnehmer jederzeit unter Einhaltung einer Mindestfrist gekündigt werden. Die kürzestmögliche Kündigungsfrist beträgt von Seiten des Arbeiters zwei Wochen. In Tarifverträgen können noch kürzere Fristen vereinbart werden.

Die Kündigung

Die Kündigung bedarf keiner bestimmten Form, allerdings ist die schriftliche Kündigung mit der Angabe von Gründen die Regel. Eine Kündigung ist eine einseitige Erklärung, die nicht der Zustimmung der anderen Seite bedarf. Ist die Kündigung einmal ausgesprochen, kann sie einseitig nicht mehr zurückgenommen werden. Die Kündigung wird rechtswirksam zu dem Zeitpunkt, an dem der Gekündigte davon erfährt. Bei jeder Kündigung durch den Arbeitgeber ist vorher der Betriebsrat anzuhören. Seine Zustimmung ist jedoch nicht in jedem Fall notwendig, um die Kündigung rechtswirksam werden zu lassen. Glaubt der Arbeitnehmer, daß seine Kündigung nicht gerechtfertigt ist, kann er innerhalb einer Woche beim Betriebsrat Einspruch einlegen. Der Betriebsrat ist verpflichtet, eine gütliche Einigung zu versuchen. Ist der Versuch erfolglos, kann der Arbeitnehmer innerhalb von drei Wochen nach der Kündigung vor dem Arbeitsgericht Klage erheben.

Die außerordentliche (fristlose) Kündigung

Bei der außerordentlichen Kündigung wird das Arbeitsverhältnis ohne Beachtung der gesetzlichen Kündigungsfrist beendet. Bedingung dafür ist das Vorliegen eines „wichtigen Grundes". Ein wichtiger Grund kann die Verletzung des Betriebsgeheimnisses sein. Die fristlose Kündigung ist in der Regel der letzte Schritt, wenn andere Maßnahmen ohne Erfolg bleiben. Solche Maßnahmen können sein:

- **Abmahnung**
  Sie ist die schriftliche Mitteilung über ein nicht mit dem Arbeitsvertrag im Einklang stehendes Verhalten einer Vertragspartei.

- **die Versetzung**
  Darunter versteht man die Umsetzung des Arbeitnehmers an einen anderen Arbeitsplatz bei gleichen vertraglichen Bedingungen.
- **Änderungskündigung**
  Sie ist die vorsorgliche Kündigung eines Vertragspartners, mit dem Ziel, einen neuen Arbeitsvertrag mit geänderten Vertragsbedingungen abzuschließen, z. B., höherem oder geringerem Lohn. Geht der andere Vertragspartner auf die Bedingungen nicht ein, so ist das Arbeitsverhältnis beendet.

Ist der Verstoß gegen eine Bestimmung aus dem Arbeitsvertrag so gewichtig (z.B. Diebstahl oder Nichtleistung der Lohnzahlung durch den Arbeitgeber), daß ein weiteres Bestehen des Arbeitsverhältnisses unzumutbar ist, kann es sofort beendet werden. In diesem Fall muß aber die Kündigung innerhalb von zwei Wochen nach dem Bekanntwerden des Kündigungsgrundes ausgesprochen werden.

Die ordentliche (fristgemäße) Kündigung

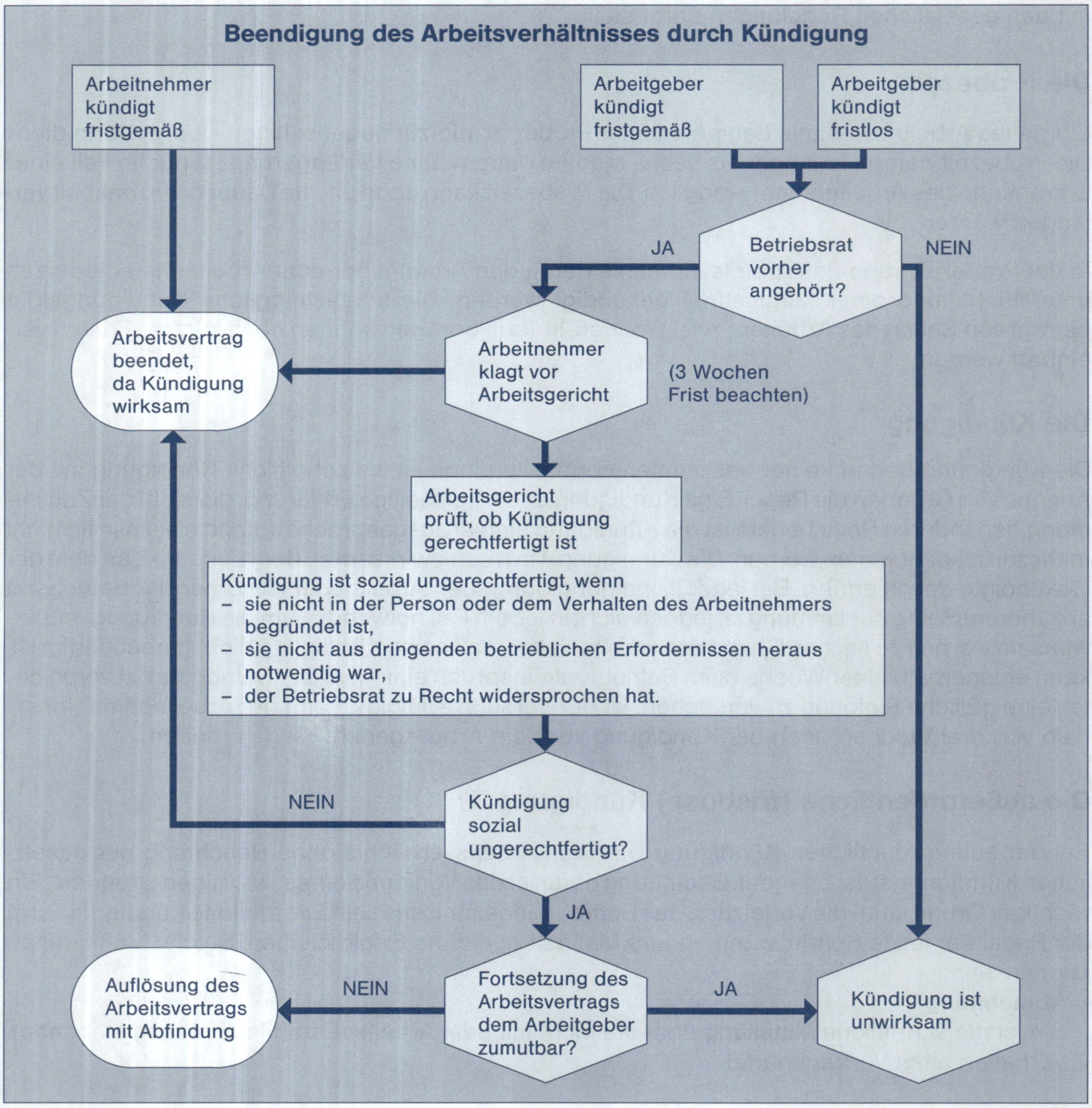

Die ordentliche Kündigung durch den Arbeitnehmer bedarf keines besonderen Grundes. Die ordentliche Kündigung durch den Arbeitgeber bedarf bei Anwendung des allgemeinen Kündigungsschutzes eines sozial gerechtfertigten Grundes (z.B. Auftragsrückgang). In jedem der beiden Fälle ist eine Kündigungsfrist einzuhalten. Die Frist soll dem Arbeitgeber helfen, den Arbeitsplatz wieder rechtzeitig neu besetzen zu können. Dem Arbeitnehmer soll sie helfen, zeitig nach einem neuen Arbeitsplatz suchen zu können.

Für **Arbeitnehmer** (Arbeiter und Angestellte) gelten nach dem Gesetz folgende Kündigungsfristen:
- vier Wochen zum Fünfzehnten oder zum Ende des Kalendermonats. Diese Frist gilt für den Arbeitnehmer unabhängig von der Beschäftigungsdauer, wenn er kündigen will.

Für den **Arbeitgeber** gelten in Abhängigkeit von der Beschäftigungsdauer des Arbeitnehmers folgende Kündigungsfristen:

Beschäftigungsdauer	**Kündigungsfrist zum Ende eines Kalendermonats**
2 Jahre	1 Monat
5 Jahre	2 Monate
8 Jahre	3 Monate
10 Jahre	4 Monate
12 Jahre	5 Monate
15 Jahre	6 Monate
20 Jahre	7 Monate

Bei der Berechnung der Beschäftigungsdauer werden Zeiten vor der Vollendung des 25. Lebensjahres nicht berücksichtigt. Vor dem 25. Lebensjahr gelten daher die Bestimmungen für die Beschäftigungsdauer bis zu zwei Jahren.

Andere Kündigungsfristen, auch kürzere, können tarifvertraglich festgelegt werden. Für Arbeitnehmer zwischen 40 und 55 Jahren haben die Tarifvertragsparteien häufig eine längere Kündigungsfrist und einen besonderen Kündigungsschutz ausgehandelt.

Der allgemeine Kündigungsschutz

Für den Arbeitnehmer ist die Arbeitsstelle in der Regel die einzige Existenzgrundlage. Zu seiner Absicherung hat der Gesetzgeber den allgemeinen Kündigungsschutz erlassen. Dieser Kündigungsschutz gilt für alle Arbeitnehmer, die länger als sechs Monate ununterbrochen in einem Betrieb mit mehr als zehn Beschäftigten arbeiten. Der Arbeitnehmer kann jetzt nur noch ordentlich gekündigt werden, wenn ein sozial gerechtfertigter Grund vorliegt. Sozial gerechtfertigt ist eine Kündigung
- wenn sie sich auf Gründe bezieht, die in der Person des Arbeitnehmers liegen (Dauererkrankungen, Alkoholismus)
- wenn sie sich auf das Verhalten des Arbeitnehmers (Unpünktlichkeit) bezieht
- wenn betriebliche Erfordernisse (Auftragsmangel o. ä.) einer Weiterbeschäftigung des Arbeitnehmers entgegenstehen.

Bei den beiden ersten Gründen sollte eine vorherige Abmahnung erfolgt sein. Bei gleichzeitiger Kündigung mehrerer Arbeitnehmer hat der Arbeitgeber soziale Gründe (Kinder, Alter) mitzuberücksichtigen.

Der besondere Kündigungsschutz

Einen besonderen Kündigungsschutz genießen folgende Gruppen
- Betriebsverfassungsrechtliche Funktionsträger
- Wehr- und Ersatzdienstleistende

- Schwerbehinderte
- Auszubildende
- Schwangere Frauen und Mütter während des Erziehungsurlaubs.

Der Erholungsurlaub

Der Arbeitnehmer hat jedes Jahr Anspruch auf bezahlten Erholungsurlaub. Den vollen Urlaubsanspruch besitzt er nach sechs Monaten Betriebszugehörigkeit. Ist die Wartezeit von sechs Monaten nicht erfüllt, oder kündigt der Arbeitnehmer in der Wartezeit oder scheidet er trotz erfüllter Wartezeit in den ersten sechs Monaten eines Kalenderjahres aus dem Arbeitsverhältnis, so wird ihm für jeden vollen Monat ein Zwölftel des Jahresurlaubs angerechnet. Ergibt sich keine ganze Zahl an Urlaubstagen, so wird ab 0,5 Tage im Ergebnis aufgerundet.

Der gesetzliche Mindesturlaub beträgt – ohne Rücksicht auf das Alter des erwachsenen Arbeitnehmers – 24 Werktage im Kalenderjahr. Unter Werktagen werden alle Kalendertage außer Sonntage und gesetzliche Feiertage verstanden. In den Tarifverträgen entsprechen die Urlaubstage den Arbeitstagen. Aus medizinischer Sicht muß ein Teilurlaub mindestens 12 aufeinanderfolgende Werktage umfassen, damit der Arbeitnehmer sich erholen kann. Erkrankt der Arbeitnehmer während des Urlaubs, so werden die Tage der Arbeitsunfähigkeit nicht auf den Urlaub angerechnet, wenn der Arbeitnehmer ein ärztliches Attest vorweisen kann.

Bei der zeitlichen Festlegung des Urlaubs sind prinzipiell die Wünsche des Arbeitnehmers mit den Bedürfnissen des Betriebes abzustimmen. Kann der Urlaub im laufenden Kalenderjahr aus betrieblichen Gründen nicht gewährt werden, muß der Urlaub in den ersten drei Monaten des folgenden Jahres gewährt werden.

Unbezahlter Urlaub des Arbeitnehmers kann vom Arbeitgeber gestattet werden. Der unbezahlte Urlaub darf jedoch nicht angeordnet werden, auch dann nicht, wenn die Auftragslage sehr schlecht ist. Der Arbeitgeber hat jedoch die Möglichkeit, Erholungsurlaub für einen ganzen Betrieb in Form der Betriebsferien anzuordnen.

Beansprucht der Arbeitnehmer keinen Erholungsurlaub, so verfällt er. Eine finanzielle Abgeltung des Urlaubs ist grundsätzlich verboten. Eine Ausnahme besteht für den Fall, daß aufgrund einer Kündigung der Erholungsurlaub nicht genommen werden konnte. Wechselt der Arbeitnehmer seinen Arbeitsplatz, so muß der Arbeitgeber ihm eine Bescheinigung über den im laufenden Kalenderjahr gewährten oder finanziell abgegoltenen Urlaub ausstellen. Der bereits gewährte oder abgegoltene Urlaub wird beim neuen Arbeitgeber angerechnet. Diese Regelung soll verhindern, daß der Arbeitnehmer mehrmals im Jahr bezahlten Jahresurlaub in Anspruch nimmt.

Der Bildungsurlaub

Einen bundeseinheitlichen gesetzlichen Anspruch für alle Arbeitnehmer auf Bildungsurlaub gibt es nicht. In Nordrhein-Westfalen haben aber z.B. alle Arbeitnehmer einen Anspruch auf fünf Arbeitstage Bildungsurlaub im Kalenderjahr. Der Bildungsurlaub kann für berufliche oder politische Weiterbildung genutzt werden. Einen gesonderten Anspruch auf Bildungsurlaub haben Betriebsräte.

Die Arbeitszeit

Die Arbeitszeitordnung gilt – bis auf wenige Ausnahmen – für alle Arbeitnehmer über 18 Jahre. Arbeitszeit ist die Zeit vom Beginn bis zum Ende der Arbeitszeit ohne Ruhepausen. Die regelmäßige Arbeitszeit beträgt acht Stunden am Werktag. Die tägliche Arbeitszeit kann auf bis zu zehn innerhalb von sechs Monaten bzw. 24 Wochen das Mittel von acht Arbeitsstunden am Werktag nicht überschritten wird. Von dieser Regelung gibt es folgende wichtige Ausnahmen:

- Durch tarifvertragliche Vereinbarungen kann die Arbeitszeit auf über zehn Stunden ohne Zeitausgleich angehoben werden, wenn in der Arbeitszeit regelmäßig Zeiten der Arbeitsbereitschaft anfallen.
- In kontinuierlich arbeitenden Betrieben mit Schichtdienst kann von der Regelung abgewichen werden.
- Je Kalenderjahr können die Arbeitnehmer an höchstens 60 Tagen bis zu einer täglichen Arbeitszeit von bis zu zehn Stunden ohne Ausgleich beschäftigt werden, wenn entsprechende tarifliche Vereinbarungen vorliegen.

Weitere Ausnahmegenehmigungen, z. B. bei außergewöhnlichen betrieblichen Störungen, kann das zuständige Gewerbeaufsichtsamt (Amt für Arbeitsschutz und Sicherheitstechnik) erteilen.

Die Ruhezeiten und Pausen

Nach Beendigung der täglichen Arbeitszeit hat der Arbeitnehmer einen Anspruch auf elf Stunden Ruhezeit. Bei einer Arbeitszeit von sechs bis neun Stunden sind 30 Minuten und bei mehr als neun Stunden 45 Minuten Pausen zu gewähren. Die Pausen müssen mindestens 15 Minuten umfassen. Eine ununterbrochene Arbeitsdauer von mehr als sechs Stunden ist nicht erlaubt. Jugendlichen Arbeitnehmern stehen 60 Minuten Pause zu. Im Schichtbetrieb bestehen andere Regelungen.

Das Arbeitsverbot

Grundsätzlich besteht ein Arbeitsverbot an Sonn- und Feiertagen. Ausnahmen gibt es z.B. für kontinuierlich arbeitende Betriebe, Einrichtungen des öffentlichen Interesses (Krankenhäuser) und im Gaststättengewerbe.

Die Entgeltfortzahlungspflicht

Erkrankt der Arbeitnehmer unverschuldet und kann deshalb seiner Arbeitsverpflichtung nicht nachkommen, so hat er einen Anspruch auf Fortzahlung des Arbeitsentgelts für insgesamt sechs Wochen. Erkrankt ein Arbeitnehmer innerhalb von zwölf Monaten an derselben Krankheit mehrmals, so hat er insgesamt nur Anspruch auf sechs Wochen Entgeltfortzahlung. Liegt allerdings die letzte Krankmeldung über dieselbe Krankheit länger als sechs Monate zurück, so hat er erneut Anspruch auf die vollen sechs Wochen Entgeltfortzahlung. Bei unterschiedlichen Erkrankungen gelten diese Einschränkungen nicht.

Um den Anspruch auf Entgeltfortzahlung geltend zu machen, muß der Arbeitnehmer unverzüglich die Arbeitsunfähigkeit dem Arbeitgeber melden. Dauert die Arbeitsunfähigkeit länger als drei Tage, muß der Arbeitnehmer spätestens am folgenden Tag eine ärztliche Bescheinigung beim Arbeitgeber vorlegen. Außer im Krankheitsfall hat der Arbeitnehmer noch in folgenden Fällen ein Anrecht auf Entgeltfortzahlung:

- bei der Verpflichtung zur Ausübung eines öffentlichen Ehrenamtes, z. B. die Berufung zum Schöffen am Gericht
- bei Wehrübungen
- bei gewerkschaftlicher Verpflichtung im Rahmen der Betriebsratstätigkeit

Kein Entgeltfortzahlungsanspruch besteht bei schuldhaftem oder witterungsbedingtem Zuspätkommen. Ansprüche auf Entgeltfortzahlungen an den Arbeitgeber verfallen nach vier Jahren.

Das Arbeitszeugnis

Jeder Arbeitnehmer hat bei der Beendigung des Arbeitsverhältnisses ein Anrecht auf ein schriftliches Zeugnis über seine Tätigkeit im Betrieb. Alle im Zeugnis erteilten Informationen müssen wahr sein. Weil das Zeugnis für Bewerbungen vom Arbeitnehmer benötigt wird, sollte es das berufliche Fortkommen nicht erschweren, indem Ausdrücke vom Arbeitgeber benutzt werden, die Interpretationen zulassen.

- Das **einfache Zeugnis** enthält nur Angaben über die Person, Art und Dauer der Beschäftigung. Die Berufstätigkeit muß genau und vollständig beschrieben sein. Alle anderen Angaben sind nicht erlaubt.
- Im **qualifizierten Zeugnis** werden zusätzlich Angaben über die Führung und die Leistung des Arbeitnehmers gemacht. Ein qualifiziertes Zeugnis muß vom Arbeitgeber nur auf Verlangen des Arbeitnehmers ausgestellt werden.

Desweiteren erhält der Arbeitnehmer bei Beendigung des Arbeitsverhältnisses vom Arbeitgeber folgende Unterlagen, die er für den Antritt einer neuen Arbeitsstelle benötigt:
- die ausgefüllte Lohnsteuerkarte
- die Entgeltbescheinigung für die Rentenversicherung
- die Urlaubsbescheinigung.

4.3 Das Jugendarbeitsschutzgesetz

Kinder- und Jugendarbeitsschutzgesetze waren die ersten arbeitsrechtlichen Gesetze, die im 19. Jahrhundert erlassen wurden. Das erste Gesetz dieser Art war das preußische Regulativ von 1839, das die Kinderarbeit unter neun Jahren verbot.

Das Jugendarbeitsschutzgesetz regelt heute die Beschäftigung aller Jugendlichen, die älter als 15 Jahre und jünger als 18 Jahre sind. Die Beschäftigung von Kindern unter 14 Jahren und aller Personen, die der Vollzeitschulpflicht unterliegen, ist verboten.

Die medizinische Untersuchung

Vor Eintritt in eine Beschäftigung muß sich jeder Jugendliche einer ärztlichen Eignungsuntersuchung unterziehen. Innerhalb eines Jahres nach Beginn der Beschäftigung ist eine Nachuntersuchung vorzunehmen, um eventuelle körperliche Schädigungen zu erkennen und vorbeugende Maßnahmen zu ergreifen. Die Untersuchungen werden sowohl von Betriebsärzten als auch von Gesundheitsämtern durchgeführt.

Die Arbeitsdauer

Die Arbeitszeit des Jugendlichen darf nicht mehr als acht Stunden täglich und 40 Stunden in der Woche betragen. Die wöchentliche Arbeitszeit wird von montags bis sonntags gerechnet. In der Woche dürfen die Jugendlichen nur an fünf Tagen beschäftigt werden.

Ruhepausen und Freizeit

Jugendlichen müssen im voraus feststehende Ruhepausen von angemessener Dauer gewährleistet werden. Sie müssen mindestens betragen:
- 30 Minuten bei einer Arbeitszeit von mehr als viereinhalb bis zu sechs Stunden
- 60 Minuten bei einer Arbeitszeit von mehr als sechs Stunden.

Eine Ruhepause muß mindestens 15 Minuten betragen.

Nach Beendigung der täglichen Arbeitszeit müssen Jugendliche eine ununterbrochene Freizeit von mindestens zwölf Stunden haben. In der Nachtzeit von 20.00 Uhr bis 6.00 Uhr dürfen sie bis auf wenige Ausnahmen nicht beschäftigt werden.

Der Erholungsurlaub

Jugendlichen muß für jedes Kalenderjahr ein bezahlter Erholungsurlaub gewährt werden. Er beträgt jährlich mindestens
- 30 Werktage, wenn der Jugendliche zu Beginn des Kalenderjahres noch keine 16 Jahre alt ist
- 27 Werktage, wenn der Jugendliche zu Beginn des Kalenderjahres noch keine 17 Jahre alt ist
- 25 Werktage, wenn der Jugendliche zu Beginn des Kalenderjahres noch keine 18 Jahre alt ist.

Berufsschüler sollen den Erholungsurlaub in den Berufsschulferien nehmen.

Beschäftigungsverbote

Prinzipiell sind Jugendliche vor Beginn der Beschäftigung über Unfall- und Gesundheitsgefahren am Arbeitsplatz zu unterrichten. Sie dürfen nicht beschäftigt werden mit Arbeiten
- die ihre Leistungsfähigkeit übersteigt
- bei denen sie sittlichen Gefahren ausgesetzt sind
- die mit erhöhten Unfallrisiken verbunden sind
- die ihre Gesundheit gefährden.

Ausnahmen sind bei den drei letzten Punkten zulässig für Jugendliche über 16 Jahre, wenn die Arbeiten zur Erreichung ihres Ausbildungsstandes erforderlich und ihr Schutz durch eine Aufsichtsperson gewährleistet ist.

Tempoabhängige Arbeiten (z.B. Akkordarbeit) darf der Jugendliche nur ausführen, wenn dies zur Erreichung seines Ausbildungsziels notwendig ist, oder wenn er eine Berufsausbildung in dieser Tätigkeit abgeschlossen hat und eine fachkundige Aufsicht gewährleistet ist.

Die Berufsschule

In der Regel ist nach dem Ende der Vollzeitschulpflicht (10 Schuljahre) der Jugendliche bis zum 18. Lebensjahr berufsschulpflichtig. Diese Regelung ist unabhängig davon, ob der Jugendliche eine Ausbildung macht oder ein normales Arbeitsverhältnis eingegangen ist. Befindet sich der Jugendliche bei Vollendung des 18. Lebensjahrs in einer Ausbildung, so dauert die Berufsschulpflicht bis zum Ende der Ausbildung.

Der Jugendliche ist zum Berufsschulunterricht vom Arbeitgeber freizustellen. Der Unterricht muß auf die Arbeitszeit angerechnet werden. Im Betrieb darf der Jugendliche nicht mehr beschäftigt werden
- vor einem vor 9.00 Uhr beginnenden Unterricht
- bei einer Unterrichtszeit von mehr als fünf Stunden einschließlich der Pausen
- bei einem Blockunterricht mit mindestens 25 Stunden an fünf Schultagen. Zwei Stunden zusätzliche betriebliche Unterweisung in der Woche sind hierbei erlaubt.

4.4 Das Mutterschutzgesetz

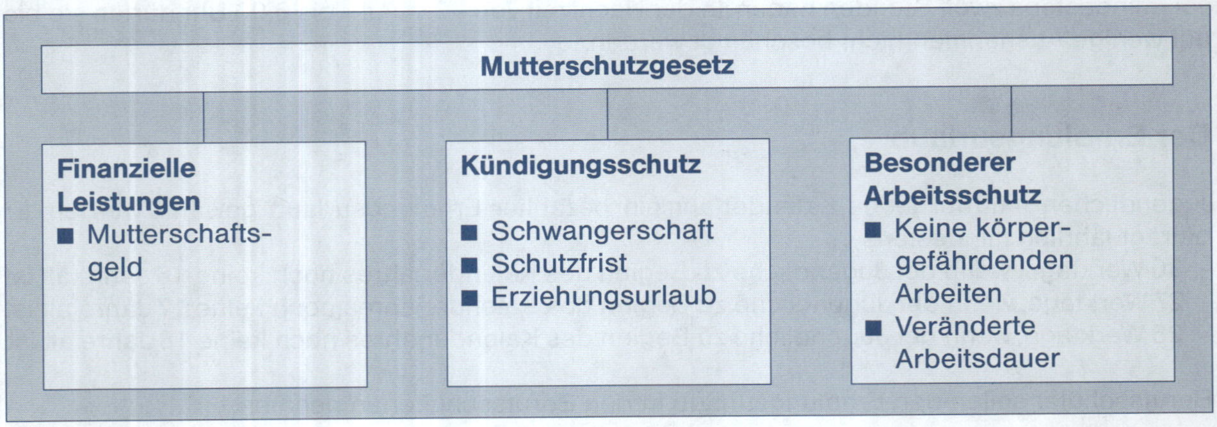

Das Mutterschutzgesetz gilt für alle Frauen, die in einem Arbeitsverhältnis stehen. Davon ausgenommen sind Beamtinnen, für die das Beamtenrecht ähnliche Regelungen vorsieht.

Die Schwangerschaft und der voraussichtliche Tag der Entbindung sollten dem Arbeitgeber so rasch wie möglich mitgeteilt werden. Für ihn ergeben sich bestimmte gesetzliche Verpflichtungen:
- Der Arbeitsplatz einschließlich der Maschinen und Geräte ist so einzurichten, daß für die werdende oder stillende Mutter keine gesundheitlichen Gefahren bestehen. Bei vorwiegend stehender Arbeit hat der Arbeitgeber für Sitzgelegenheiten zum Ausruhen zu sorgen.
- Darüberhinaus bestehen Beschäftigungsverbote für werdende Mütter bei schwerer körperlicher Arbeit, bei Akkord-, Nacht- und Sonntagsarbeit.
- In der Zeit von sechs Wochen vor und acht (bei Mehrfach- und Frühgeburten zwölf) Wochen nach der Entbindung besteht ein Beschäftigungsverbot (Schutzfrist).
- Während der Schwangerschaft und vier Monate nach der Entbindung darf der Frau nicht gekündigt werden.

Finanzielle Leistungen

In der Zeit der Schutzfrist erhalten die krankenversicherten Frauen Mutterschaftsgeld. Es wird von der zuständigen Krankenkasse gezahlt und nach dem durchschnittlichen Arbeitsentgelt berechnet. Der tägliche Höchstbetrag des Mutterschaftsgelds beträgt 25 DM. Liegt dieser Betrag unter dem tatsächlichem Verdienst, muß der Arbeitgeber den Differenzbetrag zwischen dem Höchstbetrag von 25 DM und dem tatsächlichem Nettoverdienst zuzahlen.

Seit 1986 kann der erziehende Elternteil nach der Schutzfrist unbezahlten Erziehungsurlaub in Anspruch nehmen. In dieser Zeit zahlt der Staat ein Erziehungsgeld von monatlich 600 DM. Das Erziehungsgeld wird einkommensabhängig gezahlt. Dem erziehenden Arbeitnehmer darf während des Erziehungsurlaubs nicht gekündigt werden.

Zusätzlich zu den finanziellen Leistungen gewähren die Krankenkassen besondere medizinische Vorsorgeleistungen zum Schutze des jungen Lebens.

4.5 Das Schwerbehindertengesetz

Unter das Schwerbehindertengesetz fallen alle Arbeitnehmer mit einem Grad der Behinderung von mindestens 50 %. Jeder Arbeitgeber, der über mindestens 16 Arbeitsplätze verfügt, muß auf zumindestens 6 % der Arbeitsplätze Behinderte beschäftigen. Erfüllt er diese Pflicht nicht, ist für jeden nicht besetzten Arbeitsplatz mit einem Behinderten eine Ausgleichsabgabe von 200 DM monatlich zu bezahlen.

Die Arbeitsplätze für Behinderte sind so auszustatten, daß der Behinderte einer normalen Arbeitserfüllung nachkommen kann. Die Schwerbehinderten haben das Anrecht auf eine Woche zusätzlichen bezahlten Urlaub im Jahr. Außerdem genießen sie einen besonderen Kündigungsschutz. So ist vor jeder Kündigung durch den Arbeitgeber die Zustimmung der Hauptfürsorgestelle einzuholen.

Die Schwerbehindertenvertretung

Sobald in einem Betrieb wenigstens fünf Schwerbehinderte beschäftigt werden, ist eine Schwerbehindertenvertretung (Vertrauensfrau bzw. -mann) zu wählen. Ihre Amtszeit beträgt vier Jahre. Bei jeder Entscheidung des Arbeitgebers, die Schwerbehinderte betrifft, ist die Schwerbehindertenvertretung anzuhören.

Die Schwerbehindertenvertretung hat das Recht an allen Betriebsratssitzungen mit beratender Stimme teilzunehmen. Bei Entscheidungen in den Sitzungen, die die Schwerbehinderten als Gruppe betreffen, haben sie das Recht, den Beschluß des Betriebsrats für eine Woche außer Kraft zu setzen. In dieser Zeit soll eine gütliche Einigung herbeigeführt werden. Die Schwerbehindertenvertretung genießt den gleichen besonderen Kündigungsschutz, wie ihn der Betriebsrat zum Schutze der Ausübung seiner Tätigkeit besitzt.

5 Tarifrecht

Das Tarifrecht hat sich aus der streitbaren Diskussion der beiden konkurrierenden gesellschaftlichen Kräfte, Gewerkschaften und Arbeitgeberverbände, entwickelt. Das Tarifvertragsgesetz von 1969 regelt den Ablauf des Streites um die neuen Arbeitsbedingungen bzw. den neuen Tarifvertrag. Dem Kompromiß in den Verhandlungen wird durch das Gesetz der Vorzug gegeben, damit der gesellschaftliche Schaden so gering wie möglich gehalten wird.

Die **Tarifverträge** sind Barometer des Zustands der Gesellschaft und stellen für einen begrenzten Zeitraum (Laufzeit der Verträge) ein Gleichgewicht der Kräfte dar. Sie sind das wichtigste Regelungsinstrument für die Arbeitsbedingungen und damit für den wirtschaftlichen und gesellschaftlichen Rahmen unserer Gesellschaft überhaupt.

Jährlich werden bis zu 8000 Tarifverträge abgeschlossen, die ungefähr 90 % aller Arbeitsverhältnisse mitgestalten. Sie erfüllen vor allem fünf Hauptfunktionen:

- **Schutzfunktion**
  Die Chancengleichheit zwischem dem wirtschaftlich stärkeren Arbeitgeber und dem wirtschaftlich schwächeren Arbeitnehmer soll erreicht werden.
- **Ordnungsfunktion**
  Die Arbeitsverträge sind vereinheitlicht und kollektiv anwendbar. Für den Arbeitgeber ergibt sich dadurch die Kalkulierbarkeit seiner zukünftigen Personalkosten.
- **Friedensfunktion**
  Das geordnete und berechenbare Miteinander ist für beide Tarifpartner für eine bestimmte Zeit gesichert.
- **Gewinnverteilungsfunktion**
  Der erwirtschaftete Mehrwert (Gewinn) wird entsprechend den wirtschaftlichen Machtverhältnissen unter den Arbeitgebern und den Arbeitnehmern aufgeteilt.
- **Arbeitsverteilungsfunktion**
  Über die Arbeitszeit und die Rationalisierung wird Einfluß auf das Verhältnis von gesellschaftlich zu leistender Arbeit und Freizeit der Arbeitnehmer genommen.

Nach Ablauf der Verträge beginnt ein erneutes Kräftemessen der Tarifparteien. Hierbei ist nicht nur die materielle Stärke der Verhandlungspartner entscheidend, sondern auch die von ihnen vertretenen wirtschafts- und sozialpolitischen Meinungen und deren Akzeptanz in der Bevölkerung.

Prinzipiell haben die Tarifverträge Vorrang vor den betrieblichen Vereinbarungen. Tarifvertragliche Vereinbarungen gelten für einen ganzen Industriezweig, während Betriebsvereinbarungen betriebsspezifische Arbeitsbedingungen behandeln. Ausnahmen sind nur dann wirksam, wenn die Inhalte der Betriebsvereinbarung in den Tarifverträgen nicht festgelegt sind oder wenn in den Tarifverträgen ausdrücklich auf den Betriebsrat als Verhandlungspartner für die Thematik hingewiesen wird.

5.1 Die Tarifverhandlung

Die Tarifverträge werden, wie jeder andere privatrechtliche Vertrag auch, durch die übereinstimmende Willenserklärung zweier Vertragsparteien, den sogenannten Sozialpartnern, geschlossen. Zwei Grundrechte unserer Verfassung sind Voraussetzung für das Zustandekommen und die Gültigkeit der Tarifverträge:

■ **Die Koalitionsfreiheit**
Sie garantiert jedem das Recht, Vereinigungen (z.B. Gewerkschaften oder Arbeitgeberverbände) zu gründen, ihnen bei- oder aus ihnen auszutreten.

■ **Die Tarifautonomie**
Sie garantiert den Sozialpartnern den selbständigen Abschluß von Tarifverträgen und schützt die Vertragsparteien vor der Einflußnahme Dritter (z.B. Staat) auf die Verhandlungen.

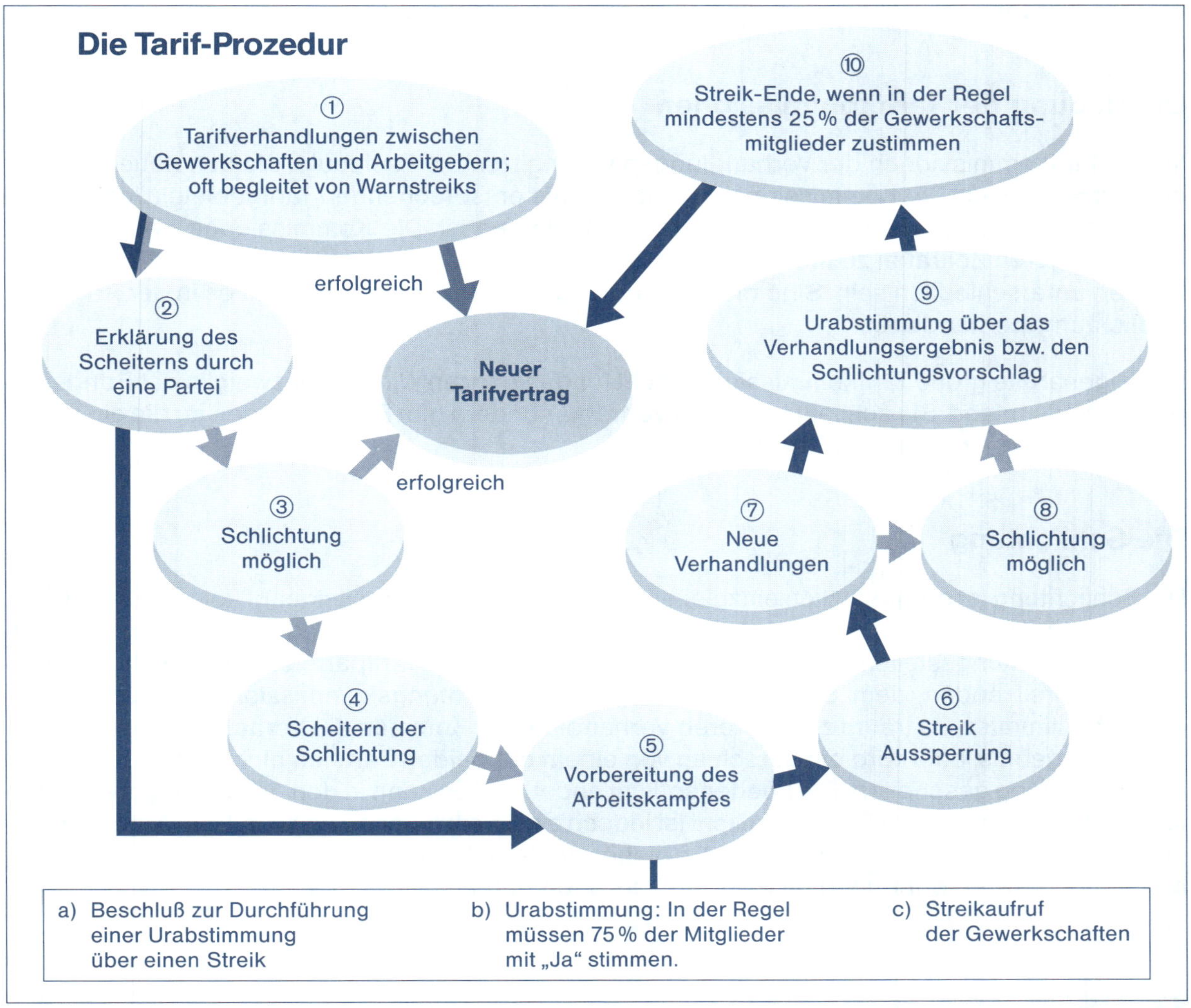

Die Tarifvertragsparteien (Sozialpartner)

Die Tarifvertragsparteien auf der Arbeitgeberseite sind
- die Arbeitgeberverbände und deren Spitzenorganisationen
- der einzelne Arbeitgeber
- die Handwerksinnungen und deren Verbände.

Die Tarifvertragsparteien auf der Arbeitnehmerseite sind
- die einzelnen Gewerkschaften und deren Spitzenorganisationen.

Das Ende der Laufzeit eines Tarifvertrages

Die Bindung an einen Tarifvertrag endet
- mit dem Auslaufen der Zeit für die der Vertrag geschlossen wurde
- mit einer einverständlichen Aufhebung des Vertrages durch beide Seiten
- durch eine ordentliche Kündigung mit Einhaltung der Kündigungsfrist
- durch eine außerordentliche Kündigung bei Vorliegen eines wichtigen Grundes.

Die gefestigten Rechtsnormen (Gesetze), z.B. Kündigungsschutz, gelten über die Kündigung hinaus für die Arbeitsverhältnisse weiter.

Während der Laufzeit des Tarifvertrags darf nicht zum Arbeitskampf von den Vertragsparteien aufgerufen werden. Diese Bindung wird als Friedenspflicht bezeichnet.

Die Bildung der Tarifkommissionen

In den Tarifkommissionen der Verhandlungspartner sitzen die Fachleute, die den neuen Vertrag aushandeln sollen. Die Kommissionen werden für die entsprechenden Tarifgebiete (Bezirk, Bundesland) gebildet, in denen der Tarifvertrag ausgelaufen ist. Die Kommissionen treffen sich in einem längeren Zeitraum zu mehreren Verhandlungen. Anzahl und Zeitraum der Verhandlungen können unterschiedlich sein. Sind die Verhandlungen ohne Ergebnis, kommt es in der Regel zur Schlichtungsverhandlung.

Die sogenannte große Tarifkommission spricht für den ganzen Wirtschaftszweig in der Bundesrepublik Deutschland. Sie schließt keine Tarifverträge, sondern gibt Empfehlungen für die einzelnen Tarifkommissionen in den Tarifbezirken ab.

Die Schlichtung

Die Schlichtung ist grundsätzlich einzuleiten, bevor es zu einem Arbeitskampf kommt. Sie soll den Arbeitskampf verhindern, um wirtschaftliche Schäden so gering wie möglich zu halten. Die tariflichen Schlichtungsstellen sind mit Beisitzern der streitenden Tarifparteien und einem unparteiischem Vorsitzenden, dem Schlichter besetzt. Die Schlichtungskommissionen treffen sich in einem bestimmten Zeitraum zu mehreren Verhandlungen. Kommen die Verhandlungspartner zu keinem Ergebnis, oder wird ein Vorschlag von einem der beiden Parteien nicht angenommen, ist die Schlichtung gescheitert. Die Friedenspflicht endet, und es kann in den Arbeitskampf eingetreten werden. Innerhalb der Friedenspflicht ist jedoch ein Streik möglich, wenn mit ihm Arbeitsbedingungen durchgesetzt werden sollen, die bisher noch nicht Verhandlungsaspekte von Tarifverhandlungen waren oder noch nicht in Tarifverträgen geregelt worden sind.

5.2 Der Arbeitskampf

Unter dem Begriff Arbeitskampf wird der Streik der Gewerkschaften und die Aussperrung der Arbeitgeber verstanden. Der Arbeitskampf ist das letzte Mittel (ultima ratio), um in Tarifverhandlungen Druck auszuüben. Er darf allerdings nicht mit dem Ziel der Vernichtung des anderen Verhandlungspartners geführt werden.

Die Gründe für Arbeitskämpfe waren in der Vergangenheit oft weniger die Lohnforderungen, als vielmehr die Verbesserung der Arbeitsbedingungen (z.B. Lohnfortzahlung im Krankheitsfall).

Die Urabstimmung

Bevor es zum Streik kommt, muß sich die Gewerkschaft die Legitimation ihrer Mitglieder für den Streik einholen. Die Legitimation erfolgt durch eine Urabstimmung in zuvor ausgesuchten Betrieben des Tarifgebietes. In diesen Betrieben werden die Gewerkschaftsmitglieder aufgerufen, für oder gegen den Streik zu stimmen. Die Abstimmungsmodalitäten sind in den Gewerkschaften unterschiedlich geregelt.

In der Regel ergeht bei 75 % Ja-Stimmen der Streikbefehl an die Gewerkschaftler. Bei weniger als 75 % Ja-Stimmen ist die Gewerkschaft gezwungen, in nochmaligen Verhandlungen neue Vorschläge zu entwickeln oder die Arbeitgebervorschläge weitgehend zu akzeptieren.

Der Streik

Als Streik wird die gemeinsame Arbeitsniederlegung von gewerkschaftlich organisierten Arbeitnehmern, ausschließlich zur Durchsetzung ihrer tariflichen Forderungen, bezeichnet. Von dem Streikrecht ausgeschlossen sind

- Die Auszubildenden
  Auszubildende dürfen nur zu Warnstreiks aufgerufen werden, wenn in den Verhandlungen Themen besprochen werden, die sie betreffen.
- Die Beamten
  Die Beamten haben gegenüber dem Staat ein besonderes Treueverhältnis, das ihnen den Streik verbietet.
- Die Arbeitnehmer, die nicht in der Gewerkschaft organisiert sind.

Der Streik kann nur von einer Gewerkschaft ausgerufen werden. Alle anderen Formen der Arbeitsniederlegung sind rechtswidrig. Es werden mehrere Streikformen unterschieden

- Mit Beendigung der Friedenspflicht (Ende der Laufzeit des Tarifvertrags), kann die Gewerkschaft zu kurzen, zeitlich begrenzten **Warnstreiks** aufrufen. In der Regel soll die Dauer von drei Stunden und die Anzahl von vier bis fünf Warnstreiks nicht überschritten werden. Mit den Warnstreiks will die Gewerkschaft demonstrieren, daß sie nicht vor einem Arbeitskampf zurückschreckt. Für einen Warnstreik, der während der Verhandlungsphase ausgerufen werden kann, benötigt die Gewerkschaft keine Urabstimmung.
- Der **Schwerpunktstreik** ist der Normalfall beim Arbeitskampf. Er verspricht beim geringsten Einsatz der Mittel (Streikgeld) die größte Effizienz. Ausgesuchte Betriebe eines Wirtschaftszweiges, die Schlüsselpositionen einnehmen, werden bestreikt und als Folge davon werden große Bereiche des Wirtschaftszweiges lahmgelegt. Ähnlich verfährt man, wenn ein einzelnes Unternehmen bestreikt wird. Anstelle des gesamten Unternehmens werden nur einzelne Unternehmensbereiche bestreikt.
- Der **Vollstreik** umfaßt alle organisierten Arbeitnehmer eines Wirtschaftszweiges in dem Tarifgebiet. Er ist für die Gewerkschaft teurer als der Schwerpunktstreik und kann folglich nicht solange durchgehalten werden.
- Bei einem **Generalstreik** legen alle organisierten Arbeitnehmer einer Volkswirtschaft die Arbeit nieder.
- Sogenannte **Sympathiestreiks** als Unterstützungsaktion zu Tarifforderungen einer anderen Gewerkschaft sind rechtswidrig.

Alle aufgeführten Streikformen müssen den Abschluß eines Tarifvertrages zum Ziel haben. Alle Streiks mit anderen Inhalten (z.B. politische Streiks) sind verboten.

Die Streikdurchführung

Ein bestreikter Betrieb ist daran zu erkennen, daß vor dem Betrieb sogenannte Streikposten stehen. Ihre Aufgaben sind die öffentliche Darstellung des Streiks und die Abhaltung der arbeitswilligen Arbeitnehmer des Betriebs mit friedlichen Mitteln (Überredung) von der Arbeit. Der Zugang darf den arbeitswilligen Arbeitnehmern nicht versperrt werden. Weiterhin ist beim Streik zu gewährleisten, daß Erhaltungs- und Notarbeiten im bestreikten Betrieb durchgeführt werden können. Für die Allgemeinheit lebensnotwendige Betriebe dürfen nicht bestreikt werden. Streitigkeiten der Tarifvertragsparteien über die Abwicklung der Streikdurchführung werden vom Arbeitsgericht entschieden.

Die Aussperrung

Unter der Aussperrung der Arbeitgeber versteht man die Nichtzulassung der Arbeitnehmer zur Arbeit. Die Aussperrung hat sich als letzte Abwehrmaßnahme der Arbeitgeber in Intensität, Zeitpunkt, Dauer und regionaler Ausdehnung weitgehend nach den Streikmaßnahmen der Gewerkschaften zu richten (Verhältnismäßigkeit der Mittel). Aus diesem Grund gibt es wie beim Streik verschiedene Formen der Abwehraussperrung:

- Alle Arbeitnehmer eines Betriebes werden ausgesperrt.
- Nur bestimmte Arbeitnehmergruppen (z.B. Facharbeiter) werden ausgesperrt.
- Nur die Arbeitnehmer eines bestimmten Produktionsbereiches werden ausgesperrt.

Eine Aussperrung, die sich nur gegen die Angehörigen der streikenden Gewerkschaft richtet und nichtorganisierte Arbeitnehmer ausschließt, ist verboten.

5.3 Auswirkungen des Arbeitskampfes auf das Entgelt und die soziale Sicherheit der Arbeitnehmer

Prinzipiell ruhen die Ansprüche der vom Arbeitskampf betroffenen Arbeitnehmer und Arbeitgeber, die sie aus dem Arbeitsvertrag (Arbeitsleistung, Entlohnung) haben. Der von einem Streik oder einer Aussperrung betroffene Arbeitnehmer kann für den ausgefallenen Lohn an anderen Stellen finanziellen Ausgleich erhalten.

- **Der unmittelbar betroffene Arbeitnehmer**
  Die streikenden Gewerkschaftler erhalten von ihrer Gewerkschaft ungefähr 2/3 des Bruttolohns als Streikunterstützung. Die Streikunterstüzung wird solange gezahlt, wie die Gewerkschaft zahlungsfähig ist. Voraussetzung für die Zahlung des Streikgelds ist eine Gewerkschaftzugehörigkeit von mindestens 3 Monaten. Nichtorganisierte Arbeitnehmer, die in dem bestreikten Tarifgebiet unmittelbar betroffen sind, erhalten vom Staat Sozialhilfe.

- **Der mittelbar betroffene Arbeitnehmer**
  Hierunter versteht man die Arbeitnehmer in nichtbestreikten oder nichtausgesperrten Betrieben, bei denen aufgrund des Arbeitskampfs die Arbeit ausfällt. In den folgenden drei Fällen zahlt das Arbeitsamt Arbeitslosengeld oder Kurzarbeitergeld:
  – Arbeitnehmer einer anderen Branche aber in dem gleichen Tarifgebiet
  – Arbeitnehmer einer anderen Branche und einem anderen Tarifgebiet
  – Arbeitnehmer der gleichen Branche und einem anderen Tarifgebiet,
  wenn die gewerkschaftliche Hauptforderung sich in den Tarifgebieten unterscheidet, oder das erstrittene Tarifergebnis voraussichtlich nicht übernommen wird. Dabei verletzt nach geltender Rechtsprechung das Arbeitsamt nicht seine Neutralitätspflicht, d.h., es unterstüzt mit seinen Zahlungen keine der streitenden Tarifparteien. Dieser Ansicht haben sich die Gewerkschaften allerdings nicht angeschlossen. Sie haben vor dem Bundesverfassungsgericht geklagt. Ein Urteil dazu ist im Sommer 1995 zu erwarten.

Auch im Bereich der gesetzlichen Sozialversicherung ergeben sich für den Arbeitnehmer wichtige Konsequenzen aus dem Arbeitskampf.

- **Die Krankenversicherung**
  Das Versicherungsverhältnis endet durch den Wegfall des Arbeitsentgeltes und damit der Beitragszahlung zur Krankenversicherung drei Wochen nach Beginn des Arbeitskampfes. Der Versicherungschutz besteht dann noch drei Wochen weiter. Dauert der Arbeitskampf länger an, besteht die Möglichkeit der freiwilligen Weiterversicherung.

- **Die Rentenversicherung**
  Der Arbeitskampf hat nur dann eine Auswirkung auf die Rentenversicherung des Arbeitnehmers, wenn er länger als einen Monat dauert. Bei geringerer Dauer des Arbeitskampfes sind für den Monat Teilbeträge gezahlt worden und der Monat wird dann von der Versicherung als voll bezahlter Kalendermonat berücksichtigt.

- **Die Arbeitslosenversicherung**
  Durch den Arbeitskampf wird der Versicherungsschutz normalerweise nicht beeinträchtigt.

5.4 Das Streikende

Während des Arbeitskampfs laufen die Verhandlungen der Sozialpartner weiter. Kommen die Verhandlungspartner zu einem Ergebnis, so müssen die streikenden Arbeitnehmer in einer erneuten Urabstimmung darüber entscheiden, ob sie mit dem Verhandlungsergebnis einverstanden sind. Hierzu sind in der Regel 25 % an Ja-Stimmen erforderlich. Die Tarifvertragsparteien sind aufgefordert, nach Beendigung des Arbeitskampfes so schnell als möglich den normalen Betriebsablauf wieder einzurichten.

5.5 Der Tarifvertrag

Der in den Verhandlungen erarbeitete Tarifvertrag stellt ein autonomes Recht dar. Er gilt zwingend für alle Arbeitsverhältnisse, bei denen Arbeitgeber und Arbeitnehmer den vertragsabschließenden Tarifparteien angehören. Erklärt der Bundesminister für Arbeit und Sozialordnung den Tarifvertrag für allgemeinverbindlich, so gilt er für alle Arbeitsverhältnisse des Wirtschaftszweiges im Tarifgebiet. Also auch für die Arbeitsverhältnisse, bei denen die Arbeitnehmer und Arbeitgeber nicht den Tarifparteien angehören.

Durch die wirtschaftliche und gesellschaftliche Entwicklung haben sich unterschiedliche Formen der Tarifverträge herausgebildet.

- **Der Entgelttarifvertrag**
  Der Entgelttarifvertrag regelt ausschließlich die Entlohnung aus dem Arbeitsverhältnis. Seine Laufzeit beträgt in der Regel ein Jahr. Die kurze Laufzeit wurde gewählt, um die Entlohnung relativ schnell an die Lebenshaltungskosten und die Gewinnentwicklung der Unternehmen anpassen zu können.

- **Der Rahmentarifvertrag**
  Er regelt die Einteilung des Arbeitnehmers in verschiedene Lohngruppen durch Festlegung von Tätigkeitsmerkmalen. Da sich die Struktur der Arbeit durch die technische Entwicklung langsamer verändert, haben diese Verträge eine Laufzeit von drei Jahren.

- **Der Manteltarifvertrag**
  Er regelt die allgemeinen Arbeitsbedingungen, z.B. den Urlaub, die Arbeitszeit oder die Lohnfortzahlung im Krankheitsfall. Auch dieser Vertrag, der die gesamtgesellschaftliche Entwicklung widerspiegelt, hat meistens eine Laufzeit von mindestens drei Jahren.

- **Der Firmentarifvertrag (Haustarifvertrag)**
  Er regelt die Arbeitsverhältnisse ausschließlich eines einzelnen großen Arbeitgebers.

Tarifverträge werden prinzipiell schriftlich abgeschlossen und in das Tarifregister beim Bundesminister für Arbeit und Sozialordnung eingetragen. Die Tarifverträge können dort eingesehen werden. Der Arbeitgeber ist ebenfalls verpflichtet, den Tarifvertrag in den Betrieben öffentlich auszulegen.

6 Mitbestimmung der Arbeitnehmer

In den Gesetzen zur Mitbestimmung sind die Beteiligungsrechte der Arbeitnehmer bei den Entscheidungsprozessen im Unternehmen geregelt. Damit die Existenz des Unternehmens und der Arbeitsplätze nicht durch eine mögliche Radikalisierung der Standpunkte gefährdet wird, soll das Zusammenwirken von Arbeitgebern und Arbeitnehmern nach den Mitbestimmungsgesetzen immer einem gemeinsamen Ziel dienen, dem Wohl des Betriebes und der Belegschaft.

Bei den Beteiligungsrechten der Arbeitnehmer sind zwei Bereiche zu unterscheiden. Zum einen die Beteiligungsrechte des Betriebsrates und ähnlicher Vertretungsorgane gegenüber der Geschäftsleitung im Unternehmen nach dem Betriebsverfassungsgesetz, und zum anderen die Vertretung der Arbeitnehmerinteressen in den Aufsichtsräten und Vorständen der Unternehmen nach

- dem Betriebsverfassungsgesetz von 1972 (1952)
- dem Mitbestimmungsgesetz von 1976
- dem Montanmitbestimmungsgesetz von 1951.

Der Mitbestimmung im Betrieb sind durch die unterschiedlichen Arbeitsgesetze Grenzen gesetzt. Diese stellen Mindestnormen dar, die prinzipiell nicht verletzt werden dürfen. Weiterhin hat die betriebliche Mitbestimmung die tariflichen Vereinbarungen zu berücksichtigen. Die tariflichen Normen dürfen in Betriebsvereinbarungen nur zum Positiven des Arbeitnehmers verändert werden.

6.1 Die betriebliche Mitbestimmung

Die geschichtliche Entwicklung der Betriebsverfassung

Die Entwicklung der Betriebsverfassung ist eng mit der Industrialisierung und der politischen Liberalisierung der Gesellschaft im 19. und 20. Jahrhundert verbunden.

- **Bis 1900:** In der zweiten Hälfte des 19. Jahrhunderts wurden durch den Druck der entstehenden Gewerkschaften und der Arbeitnehmerparteien die ersten Arbeiterausschüsse im Bergbau eingesetzt.

- **1916:** Unter dem Druck des 1. Weltkriegs, den die Monarchie nur unter der aktiven Mithilfe der Arbeiterklasse führen konnte, wurde ein Gesetz erlassen, das die Einrichtung von Arbeiterausschüssen in allen Betrieben mit mehr als 50 Arbeitnehmern und Angestellten vorsieht. Die Ausschüsse hatten aber nur geringe Mitwirkungsrechte im sozialen Bereich.

- **1920:** Die Politik wurde zu Beginn der Weimarer Republik sehr stark durch die Organisationen der Arbeiterbewegungen beeinflußt. Diese setzten das erste Betriebsrätegesetz durch. Nach diesem Gesetz waren in Betrieben und Verwaltungen ab 20 Arbeitnehmern Betriebsräte einzurichten. Die Betriebsräte hatten Mitbestimmungsrechte in sozialen und personellen Angelegenheiten.

- **Nationalsozialistische Zeit (3. Reich):** In der nationalsozialistischen Zeit (ab 1933) wurden alle Errungenschaften im Sinne der Mitbestimmung außer Kraft gesetzt. Die Entscheidungen wurden zentral von oben durch die Nationalsozialistische Partei getroffen. Meinungsfreiheit existierte nicht mehr.

- **Nach dem 2. Weltkrieg:** Die Alliierten führten die Betriebsverfassung in den einzelnen Besatzungszonen wieder ein.
- **1952:** Für die Bundesrepublik Deutschland wurde eine einheitliche Betriebsverfassung erlassen. Wesentliche Inhalte waren die betriebliche Friedenspflicht, der Vorrang der Tarifautonomie und die Abgrenzung des Betriebsrates von den Gewerkschaften.
- **1972:** Das Betriebsverfassungsgesetz wurde vor allem ergänzt durch die Ausweitung der Mitbestimmungsrechte des Betriebsrates.
- **1988:** Das zur Zeit gültige Betriebsverfassungsgesetz wurde erlassen. Aufgenommen wurden Regelungen über die Sprecherausschüsse der leitenden Angestellten und die Ausweitung der Minderheitenrechte.

Der Geltungsbereich des Betriebsverfassungsgesetzes

Nicht alle Betriebe und Personen fallen unter das Betriebsverfassungsgesetz. Betriebsräte sind in allen selbständigen Betrieben mit mindestens fünf wahlberechtigten Arbeitnehmern, von denen drei Arbeitnehmer wählbar sind, einzurichten. Unter selbständigen Betrieben sind Unternehmenseinheiten mit eigener Leitung und Organisation zu verstehen.

Nicht erfaßt vom Betriebsverfassungsgesetz werden die Betriebe und Verwaltungen der öffentlichen Hand (Personalvertretungsgesetz), der Kirchen (Mitarbeitervertretungsgesetz), sowie der Kleinstbetriebe mit weniger als fünf Arbeitnehmern.

Zu den Personen, die in einem Betrieb vom Betriebsverfassungsgesetz erfaßt werden, gehören alle Arbeiter, Angestellten, außertariflichen Angestellten und Auszubildenden. Die Staatsangehörigkeit der Personen ist ohne Bedeutung.

Nicht von dem Gesetz vertreten werden die Arbeitgebervertreter (Vorstand, Geschäftsführer) und die Personen, die wesentliche Unternehmerfunktionen (Kündigung, Einstellung, Betriebsleitung) wahrnehmen. Hierzu gehören die Prokuristen, die leitenden Angestellten, die Betriebsführer oder die Leiter der Personalabteilungen.

Der Betriebsrat

Der Betriebsrat ist der gesetzliche Vertreter der Arbeitnehmerschaft im Betrieb gegenüber dem Arbeitgeber. Als kollegiales Organ ist er im Interessenkampf stärker als ein einzelner Arbeitnehmer.

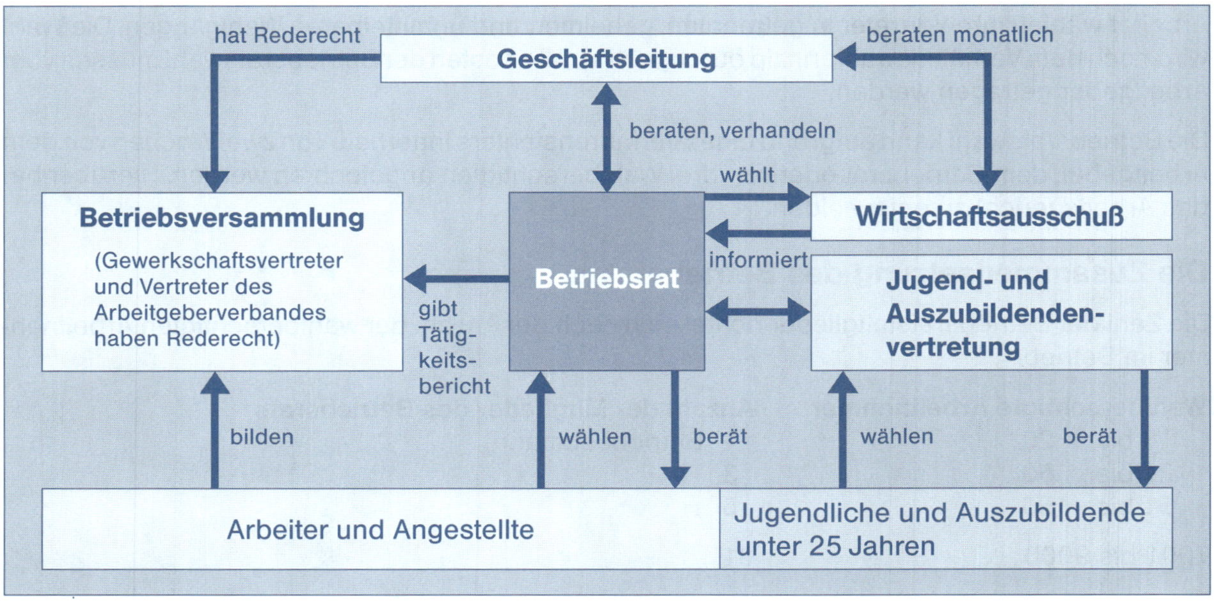

Der Betriebsrat soll laut Gesetz zum Wohle des Betriebes mit dem Arbeitgeber zusammenarbeiten, dabei aber nicht die Interessengegensätze aufheben. Aus diesem Grunde hat der Gesetzgeber dem Betriebsrat und dem Arbeitgeber verschiedene Verpflichtungen auferlegt:

- Der Betriebsrat darf durch keine Maßnahme den Arbeitsablauf des Betriebes stören, indem er z.B. einen Streik mit finanziellen oder sachlichen Mitteln unterstützt (betriebliche Friedenspflicht).
- Der Arbeitgeber und der Betriebsrat dürfen keine parteipolitischen Stellungnahmen im Betrieb beziehen.
- Der Arbeitgeber und der Betriebsrat müssen sich mindestens einmal im Monat zu Gesprächen zusammensetzen.
- Arbeitgeber und Betriebsrat sollen Meinungsverschiedenheiten gütlich beilegen. Besteht im Unternehmen eine betriebliche Einigungsstelle, dann ist sie beim Scheitern der Verhandlungen anzurufen, ansonsten ist das Arbeitsgericht zuständig. Die betriebliche Einigungsstelle besteht aus der gleichen Anzahl von Beisitzern, die vom Arbeitgeber und Betriebsrat bestellt worden sind und einem unparteiischen Vorsitzenden.

Bei größeren Unternehmen, die aus mehreren organisatorisch selbständigen Betrieben bestehen, muß ein Gesamtbetriebsrat gebildet werden. Der Gesamtbetriebsrat ist zuständig für Angelegenheiten, die mehrere Betriebe gleichzeitig oder das gesamte Unternehmen betreffen. Ähnliches gilt für Konzerne, die aus mehreren rechtlich selbständigen Unternehmen bestehen. Für den Konzern kann ein Konzernbetriebsrat gebildet werden.

Das Amt des Betriebsrates ist ein Ehrenamt, das in der Regel nicht besonders vergütet wird. Der Arbeitgeber hat den Arbeitnehmer für die Aufgaben im Rahmen seiner Betriebsratstätigkeit von der Arbeit freizustellen. Bei der Ausübung seiner Betriebsratstätigkeit, die außerhalb der Arbeitszeit durchzuführen ist, hat das Betriebsratsmitglied zum Ausgleich Anspruch auf entsprechende Arbeitsbefreiung und Fortzahlung des Arbeitsentgeltes. Alle mit der Betriebratstätigkeit in Zusammenhang stehen Kosten sind vom Arbeitgeber zu tragen.

Die Betriebsratswahl

Zur Betriebsratswahl sind alle Arbeitnehmer des Betriebes wahlberechtigt, die das 18. Lebensjahr vollendet haben. Dies gilt unabhängig von der Dauer der Betriebszugehörigkeit oder der Staatsangehörigkeit der Arbeitnehmer. Wählbar sind alle Arbeitnehmer, die wahlberechtigt sind und dem Betrieb mindestens sechs Monate angehören.

Die regelmäßige Wahl findet alle vier Jahre in der Zeit vom 1. März bis 31. Mai statt. Angestellte und Arbeiter wählen ihre Vertreter in getrennten, geheimen und unmittelbaren Wahlgängen. Die Wahl wird nach dem Verhältniswahlprinzip durchgeführt. Alle Kosten der Betriebsratswahl müssen vom Arbeitgeber getragen werden.

Die Betriebsratswahl kann aufgrund eines Verfahrensfehlers innerhalb von zwei Wochen von dem Arbeitgeber, dem Betriebsrat oder von drei Wahlberechtigten angefochten werden. Hierüber hat das Arbeitsgericht zu entscheiden.

Die Zusammensetzung des Betriebsrates

Die Zahl der Betriebsratsmitglieder richtet sich nach der Anzahl der wahlberechtigten Arbeitnehmer im Betrieb.

Wahlberechtigte Arbeitnehmer	Anzahl der Mitglieder des Betriebsrats
5 bis 20	1 (Betriebsobmann)
21 bis 50	3
51 bis 150	5
...	...
7001 bis 9000	31

Ab 9 000 Arbeitnehmern erhöht sich die Anzahl der Betriebsratsmitglieder um je zwei Mitglieder je angefangene weitere 3 000 Arbeitnehmer.

Besteht der Betriebsrat aus mindestens drei Mitgliedern, müssen Arbeiter und Angestellte entsprechend ihrem Verhältnis in der Arbeitnehmerschaft im Betriebsrat vertreten sein. Gehören zu einer Minderheitsgruppe (z. B. Angestellte) im Betrieb mehr als fünf Arbeitnehmer, so steht dieser Gruppe im Betriebsrat mindestens ein Betriebsratsmitglied zu. Bei höheren Gruppenzahlen der Minderheitsgruppierung erhöht sich auch die Mitgliedszahl dieser Gruppe im Betriebsrat. Weiterhin sollten im Betriebsrat die unterschiedlichen Abteilungen im angemessenen Verhältnis vertreten sein. Wichtig ist auch, daß der Betriebsrat das geschlechterspezifische Verhältnis in der Arbeitnehmerschaft repräsentieren sollte.

Damit eine effektive Betriebsratsarbeit möglich ist, sind Betriebsratsmiglieder von ihrer beruflichen Tätigkeit freizustellen. Es gilt folgende Regel:

300 bis 600 Arbeitnehmer	1 Betriebsratsmitglied
601 bis 1000 Arbeitnehmer	2 Betriebsratsmitglieder
1001 bis 2000 Arbeitnehmer	3 Betriebsratsmitglieder
...	...
9001 bis 10000 Arbeitnehmer	11 Betriebsratsmitglieder

In Betrieben mit über 10000 Arbeitnehmern ist für je angefangene weitere 2000 Arbeitnehmer ein weiteres Betriebsratsmitglied freizustellen.

Hat ein Betriebsrat neun oder mehr Mitglieder, so bildet er einen Betriebsausschuß, der die laufenden Geschäfte führt. In größeren Betriebsräten werden noch weitere Ausschüsse für einzelne Bereiche, z.B. den Personal- und Wirtschaftsbereich, gebildet.

Der Betriebsrat wird durch den Betriebsratsvorsitzenden repräsentiert. Der Vorsitzende wird aus dem Betriebsrat heraus gewählt. Zu seinen Aufgaben zählt unter anderem die Einberufung zur Betriebsratssitzung, die Erstellung der Tagesordnung, die Einladung und Leitung der Betriebsversammlung.

Die Betriebsratssitzung

Außer den Betriebsratsmitgliedern sind die Vertreter der Schwerbehinderten und ein Vertreter der Jugend- und Auszubildendenvertretung berechtigt, an den Betriebsratssitzungen teilzunehmen. Mit vollem Stimmrecht kann die gesamte Jugend- und Auszubildendenvertretung an der Sitzung teilnehmen, wenn Entscheidungen getroffen werden sollen, die sie betreffen. Der Arbeitgeber und die Beauftragten der Gewerkschaften können an den Sitzungen unter bestimmten Bedingungen teilnehmen.

Alle Entscheidungen werden von dem gesamten Betriebsrat in seinen Sitzungen als Mehrheitsbeschluß getroffen. Bei Stimmengleichheit ist ein Antrag, der zu einer Entscheidung ansteht, abgelehnt. Beschlüsse des Betriebsrats können von den einzelnen Fraktionen im Betriebsrat, z.B. Angestelltenvertretung oder Jugend- und Auszubildendenvertretung, für eine Woche außer Kraft gesetzt werden, wenn die Fraktion gegensätzlicher Auffassung ist und der Beschluß sie im besonderen betrifft. In dieser Woche sollen der restliche Betriebsrat und die Fraktion eine gütliche Einigung finden.

Eine wichtige Arbeit des Betriebsrates ist die Kontaktpflege zu den Arbeitnehmern. Der Betriebsrat richtet dazu Sprechstunden für die Arbeitnehmer während der Arbeitszeit ein. Für ratsuchende Arbeitnehmer dürfen keine Nachteile entstehen, wenn sie die Sprechstunden während der Arbeitszeit aufsuchen.

Ein weiteres wichtiges System der Kommunikation sind die Vertrauensleute der Gewerkschaften in den Betrieben. Ihre Aufgabe ist die Wahrung und Vertretung der Interessen der Gewerkschaftsmitglieder im Betrieb. Sie tragen die Meinungen, Anregungen und Forderungen der Gewerkschaftmitglieder dem Betriebsrat vor, schulen Gewerkschaftsmitglieder und verteilen Mitteilungen der örtlichen gewerkschaftlichen Organe.

Die Betriebsversammlung

In jedem Jahresquartal ist eine ordentliche Betriebsversammlung für die gesamte Belegschaft vom Betriebsratsvorsitzenden einzuberufen. Die Versammlung findet während der Arbeitszeit statt und ist nicht öffentlich. Arbeitgeber und die im Betrieb vertretenen Gewerkschaften dürfen an der Versammlung teilnehmen.

Die Versammlung dient der Information und Aussprache. Der Betriebsrat hat zu jeder Versammlung einen Tätigkeitsbericht vorzulegen. Der Arbeitgeber muß mindestens einmal im Jahr auf der Versammlung über die soziale, personelle und wirtschaftliche Entwicklung des Unternehmens berichten.

Bei besonderen Anlässen, z.B. Massenentlassungen, ist die Möglichkeit zu weiteren außerordentlichen Betriebsversammlungen gegeben.

Der besondere Kündigungsschutz des Betriebsrates

Die Betriebsratsmitglieder müssen beim Einsatz für die Betriebsverfassungsrechte häufig gegensätzliche Standpunkte zum Arbeitgeber einnehmen. Die Gefahr, daß sie sich das Mißfallen des Arbeitgebers zuziehen, ist somit groß. Damit sie ohne Rücksicht auf etwaige Nachteile handeln können, unterliegen sie einem besonderen Kündigungschutz.

Die ordentliche Kündigung eines Betriebsratsmitgliedes ist grundsätzlich unzulässig. Dieser Schutz gilt noch bis zu einem Jahr nach der Amtszeit. Die außerordentliche Kündigung ist zulässig, bedarf aber der Zustimmung durch den Betriebsrat. Erfolgt die Zustimmung nicht, muß das Arbeitsgericht entscheiden.

Das Arbeitsgericht entscheidet auch bei einem Ausschluß eines Betriebsratsmitglieds aus dem Betriebsrat oder bei der Auflösung des Betriebsrates wegen grober Verletzung der Pflichten. Hierfür muß ein Antrag des Arbeitgebers, der Gewerkschaften oder mindestens von 25 % aller Arbeitnehmer des Betriebes vorliegen. Der Betriebsrat kann ebenfalls einen Antrag an das Arbeitsgericht stellen, wenn es um den Ausschluß eines Mitglieds geht.

Die Beteiligungsrechte des Betriebsrates

Die allgemeinen Aufgaben des Betriebsrates sind die Überwachung der Arbeitsschutzgesetze, Tarifverträge, Betriebsordnung und Unfallverhütungsvorschriften. Zu seinen weiteren Aufgaben gehört die Vertretung der Arbeitnehmerinteressen beim Arbeitgeber. Die Rechte des Betriebsrats lassen sich hierbei nach dem Grad der Beteiligung unterscheiden.

Die Stufen der Mitbestimmung des Betriebsrates

Mitentscheidungsrecht Die Gültigkeit einer Entscheidung des Arbeitgebers ist von der Zustimmung des Betriebsrates abhängig, z. B. die Festlegung des Betriebsurlaubs.	**Mitbestimmung im engeren Sinne**
Widerspruchsrecht (z. B. bei der Einstellung eines neuen Mitarbeiters)	**Mitwirkungsrechte des Betriebsrates**
Recht auf Beratung und Verhandlung mit dem Arbeitgeber (z. B. bei neuen Gebäuden oder Arbeitsverfahren)	
Recht auf Anhörung (Der Betriebsrat hat das Recht, vor jeder Kündigung gehört zu werden; eine ohne Anhörung ausgesprochene Kündigung ist nichtig.)	
Recht auf Information und Einsicht in Unterlagen (Der Betriebsrat ist z. B. vor jeder personellen Einzelmaßnahme zu informieren.)	

Der soziale Bereich

Der Betriebsrat hat im sozialen Bereich weitgehende uneingeschränkte Mitbestimmungsrechte (Zustimmungsverweigerungsrecht). Der Arbeitgeber kann Entscheidungen nur dann treffen, wenn der Betriebsrat zustimmt. Verweigert der Betriebsrat die Zustimmung, dann hat der Arbeitgeber die Möglichkeit die Schiedsstelle (Einigungsstelle) anzurufen, die einen verbindlichen Entschluß faßt. Zu den mitbestimmungspflichtigen Entscheidungen gehören

- die Ordnung im Betrieb
  (Torkontrollen, Rauchverbote, Parkplätze, Stechuhren u.a.)
- der Beginn und das Ende der Arbeitszeit und Pausen
- die Art und Weise der Auszahlung des Arbeitsentgeltes
- die Aufstellung des Urlaubsplanes
- die Einführung von Personalkontrollen
  (Fernsehkameras als Eingangskontrollen u.ä.)
- die Regelung der Verhütung von Arbeitsunfällen
- die Führung der Sozialeinrichtungen
  (Werkskantinen, Sporteinrichtungen u.ä.)
- die Zuweisung von Werkswohnungen
- die Festlegung der Grundlagen zur Lohnfindung
  (Zeitlohn oder Leistungslohn, Einführung oder Abänderung der Leistungsbewertung, Erschwerniszulagen, Arbeitgeberdarlehen u.a.)
- die Festsetzung von leistungsbezogener Entlohnung
  (Akkordsätze und Prämiensätze).

Der personelle Bereich

Im personellen Bereich hat der Betriebsrat allgemeine Mitwirkungsrechte in den folgenden Fällen:

- Bei der Personalplanung hat der Betriebsrat ein Unterrichtungsrecht. Bei jeder Eingruppierung, Umgruppierung, Einstellung oder Kündigung ist der Betriebsrat zu unterrichten. Bei Einstellungen sind ihm die Bewerbungsunterlagen vorzulegen. Bei einer Kündigung sind dem Betriebsrat die Gründe für die Kündigung zu nennen.
- Keine Beteiligungsrechte hat der Betriebsrat bei personellen Angelegenheiten der leitenden Angestellten, da diese Mitarbeiter nicht Arbeitnehmer im Sinne des Betriebsverfassungsgesetzes sind.

- in Fragen der beruflichen Bildung hat der Betriebsrat ein Beratungsrecht. So kann der Betriebsrat zum Beispiel bei der Einrichtung einer Lehrwerkstatt seine Kenntnisse und pädagogischen Ansichten einbringen.

In einigen Fällen hat der Betriebsrat ein eingeschränktes Zustimmungsverweigerungsrecht. Eingeschränkt bedeutet, daß er seine Zustimmung nur verweigern kann, wenn der Arbeitgeber gegen gesetzliche, tarifliche oder betriebliche Vereinbarungen verstößt. Der Betriebsrat kann die Zustimmung auch verweigern, wenn ein Arbeitnehmer aus Gründen benachteiligt wird, die nicht in seiner Person begründet liegen oder wenn die Entscheidung nicht aus betrieblicher Notwendigkeit gefaßt wurde. Der Betriebsrat muß innerhalb von einer Woche nach der Unterrichtung die Zustimmung verweigern, sonst gilt seine Zustimmung als erteilt. Dies betrifft
- Einstellungen
- Eingruppierungen
- Umgruppierungen
- Versetzungen
- Kündigungen.

Ein uneingeschränktes Mitbestimmungsrecht hat der Betriebsrat bei der
- inhaltlichen Gestaltung von Personalbögen
- Erstellung von Beurteilungsrichtlinien
- Erstellung von Auswahlrichtlinien für die Einstellung
- Durchführung betrieblicher Berufsbildungsmaßnahmen.

Der arbeitstechnische Bereich

Der Arbeitgeber kann prinzipiell frei entscheiden bei der
- Einrichtung von neuen betrieblichen Räumen
- Errichtung technischer Anlagen
- Einführung neuer Arbeitsverfahren
- Organisation von Arbeitsabläufen
- Ausgestaltung von Arbeitsplätzen.

Verletzt der Arbeitgeber allerdings gesicherte arbeitswissenschaftliche Gesichtspunkte, kann der Betriebsrat ein Mitbestimmungsrecht erzwingen.

Der wirtschaftliche Bereich

In Unternehmen – mit in der Regel mehr als einhundert ständig beschäftigten Mitarbeitern – ist ein Wirtschaftsausschuß zu bilden. Dem Wirtschaftsausschuß muß mindestens ein Betriebsratsmitglied angehören. Im Wirtschaftsausschuß hat der Arbeitgeber z.B. rechtzeitig über
- die wirtschaftliche und finanzielle Lage des Unternehmens
- Rationalisierungsmaßnahmen
- Produktions- und Investitionsprogramme
- Einführung neuer Arbeitsmethoden
- Stillegungen von Betrieben und Betriebsteilen zu berichten.

In Unternehmen mit mehr als 20 Arbeitnehmern hat der Arbeitgeber die Arbeitnehmer mindestens einmal vierteljährlich über die wirtschaftliche Situation zu unterrichten. Ab 1 000 Arbeitnehmern muß dieses schriftlich erfolgen.

Der Betriebsrat hat ein uneingeschränktes Mitbestimmungsrecht bei der Erstellung eines Sozialplanes, der bei Betriebsänderungen, Massenentlassungen, Betriebsstillegungen oder im Falle des Konkurses erforderlich wird. Ein Sozialplan ist aber erst ab einer Betriebsgröße von mindestens 20 Arbeitnehmern erzwingbar. Aufgabe des Sozialplanes ist es, Nachteile für die Arbeitnehmer durch Abfindungen, bezahlte Umschulungen, Versetzungen in andere Unternehmensbereiche usw. zu lindern.

Die Betriebsvereinbarung

Alle Regelungen zwischen Arbeitgeber und Betriebsrat werden in den Betriebsvereinbarungen festgehalten. Betriebsvereinbarungen sind von beiden Seiten zu unterschreiben und öffentlich auszulegen. Sie können normalerweise mit einer Dreimonatsfrist gekündigt werden.

Die Jugend- und Auszubildendenvertretung (JAV)

In Betrieben – mit in der Regel mindestens fünf Arbeitnehmern unter 18 Jahren oder fünf Auszubildenden, die das 25. Lebensjahr noch nicht vollendet haben – muß eine Jugend- und Auszubildendenvertretung gewählt werden. Als notwendige Vorbedingung muß jedoch ein Betriebsrat existieren.

Zur Wahl berechtigt sind alle Arbeitnehmer unter 18 Jahren und alle Auszubildenden, die das 25. Lebensjahr noch nicht vollendet haben. Wählbar sind alle Arbeitnehmer, die das 25. Lebensjahr noch nicht vollendet haben. Mitglieder des Betriebsrates dürfen nicht in die JAV gewählt werden. Umgekehrt ist die Wahl eines Mitgliedes der JAV in den Betriebsrat möglich. Die Mitgliedschaft zur JAV erlischt dann. Auszubildende, die das 18. Lebensjahr vollendet haben, können also an zwei Wahlen, der Betriebsratswahl und der JAV-Wahl, teilnehmen.

Die regelmäßigen Wahlen zur JAV finden alle zwei Jahre in der Zeit vom 1. Oktober bis 30. November statt. Die Wahl ist eine geheime, unmittelbare und gemeinsame Wahl nach dem Verhältniswahlprinzip.

Die Mitgliederzahl der JAV ist von der Anzahl der jugendlichen Arbeitnehmer und Auszubildenden im Betrieb abhängig.

Jugendliche/Auszubildende	**Anzahl der JAV-Vertreter**
5 bis 20	1
21 bis 50	3
51 bis 200	5
...	...
mehr als 1 000	13

Die JAV kann nicht direkt mit dem Arbeitgeber verhandeln. Sie wird durch den Betriebsrat vertreten. Aufgaben, die in die Kompetenz der JAV fallen sind:

- Beantragung von Maßnahmen zur Berufsausbildung beim Betriebsrat
- Überwachung der Schutzbestimmungen für die Jugendlichen und Auszubildenden
- Anregungen von Jugendlichen und Auszubildenden entgegen zu nehmen
- Information der Jugendlichen und Auszubildenden in Sprechstunden oder auf Jugend- und Auszubildendenversammlungen.

Der Sprecherausschuß

In Betrieben mit mindestens zehn leitenden Angestellten haben diese Angestellten das Recht, einen Sprecherausschuß zu bilden. Der Sprecherausschuß hat Unterrichtungs- und Beratungsrechte bei personellen und wirtschaftlichen Entscheidungen des Arbeitgebers. Die Wahlen zum Sprecherausschuß müssen zeitgleich zur Betriebsratswahl durchgeführt werden.

Die Einzelrechte des Arbeitnehmers

Jeder einzelne Arbeitnehmer hat – unabhängig vom Betriebsrat – verschiedene Anhörungs-, Unterrichtungs- und Beschwerderechte. Hierzu gehören vor allem

- das Unterrichtungsrecht über seine Tätigkeit im Betrieb
- das Unterrichtungsrecht über die Unfall- und Gesundheitsgefahren im Betrieb
- das Erläuterungsrecht über die Berechnung seines Arbeitsentgeltes
- die Unterrichtung über seine berufliche Leistung
- das Recht auf Einsicht in seine Personalakte. Bei der Einsicht darf ein Betriebsratsmitglied hinzugezogen werden
- das Recht auf Beschwerden bei Benachteiligungen im Betrieb.

6.2 Die Unternehmensmitbestimmung

In der Entwicklung der Unternehmensmitbestimmung haben sich drei grundlegende Typen herausgebildet.

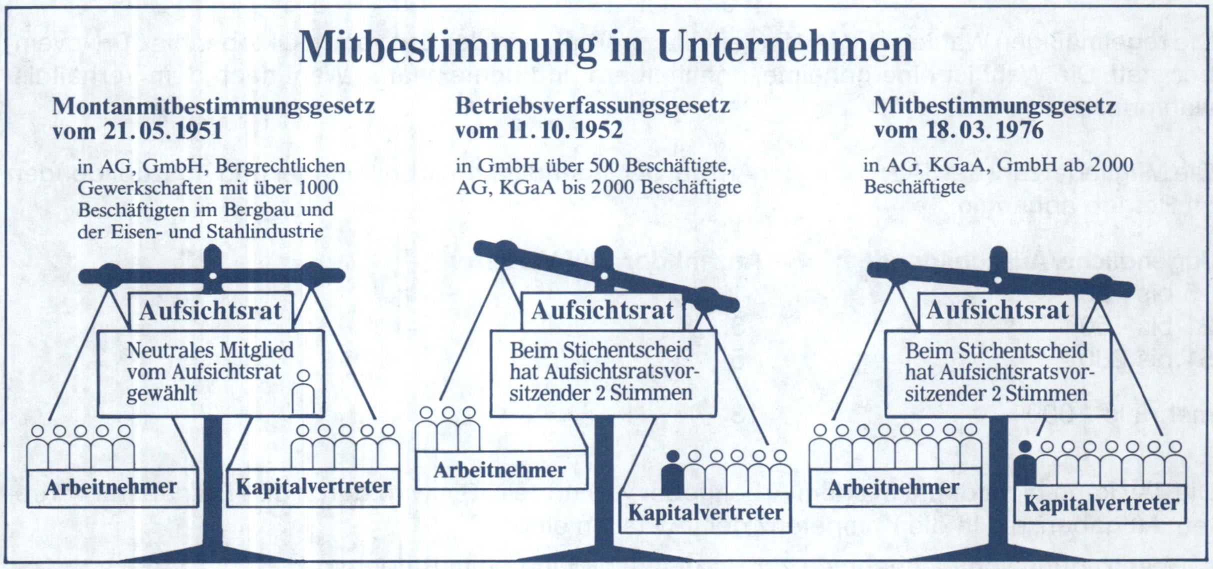

Von der Unternehmensmitbestimmung nicht erfaßt werden im allgemeinen die Betriebe und Verwaltungen der öffentlichen Hand, der Kirchen und der Personengesellschaften. In einigen Gesellschaftsunternehmen mit weniger als 500 Arbeitnehmern existiert auch keine Unternehmensmitbestimmung, da der Gesetzgeber glaubt, daß der Kontakt zwischen dem Arbeitgeber und den Arbeitnehmern so eng sei, daß ein Interessenausgleich auch ohne die Mitbestimmung gegeben ist.

Das Montanmitbestimmungsgesetz

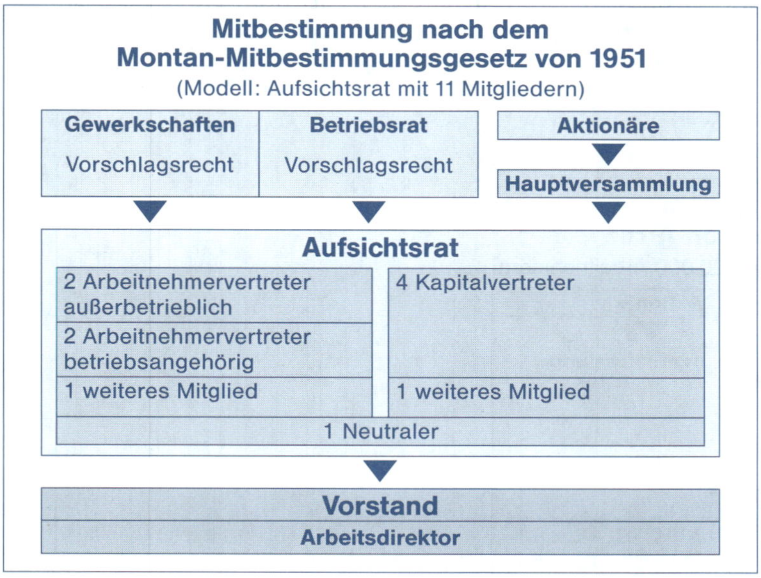

Im Aufsichtsrat der Unternehmen ist eine echte paritätische, d.h., gleichberechtigte Mitbestimmung verwirklicht worden.

Der Aufsichtsrat besteht aus 11 oder mehr Mitgliedern. Arbeitgeber- und Arbeitnehmervertreter sind zu gleichen Teilen vertreten, während der Vorsitzende (11. Person) des Aufsichtsrates eine neutrale Person ist.

Bei fünf Arbeitnehmervertretern werden zwei Vertreter vom Betriebsrat gewählt und drei Vertreter dem Betriebsrat von den, im Betrieb vertretenen Gewerkschaften vorgeschlagen.

In den Vorstand der Unternehmen muß ein Arbeitsdirektor, als Arbeitnehmervertreter, berufen werden. Die Wahl eines Arbeitnehmervertreters zum Arbeitsdirektor kann nicht gegen den Willen der Arbeitnehmervertreter im Aufsichtsrat geschehen.

Das Betriebsverfassungsgesetz

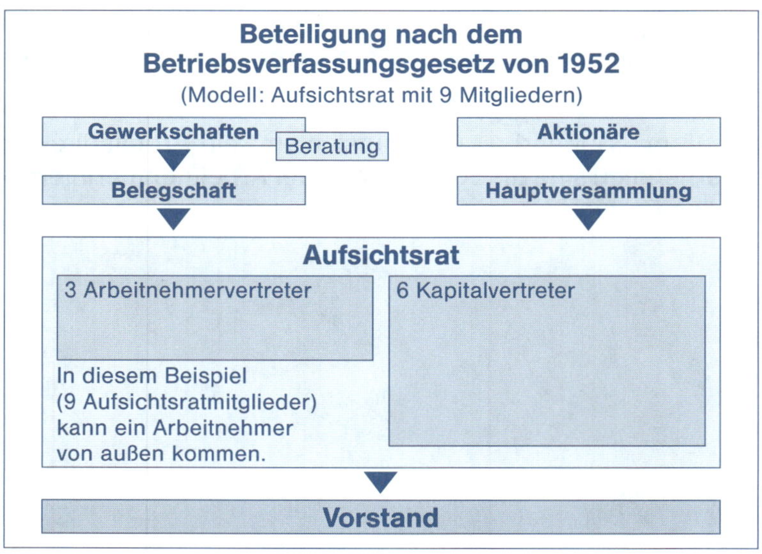

Die Mitbestimmung ist im Aufsichtsrat am geringsten ausgeprägt. Ein Drittel der Aufsichtsratsmitglieder sind Arbeitnehmervertreter und zwei Drittel sind Arbeitgebervertreter. Die Arbeitnehmervertreter werden von der Belegschaft des Betriebes direkt gewählt.

Das Mitbestimmungsgesetz

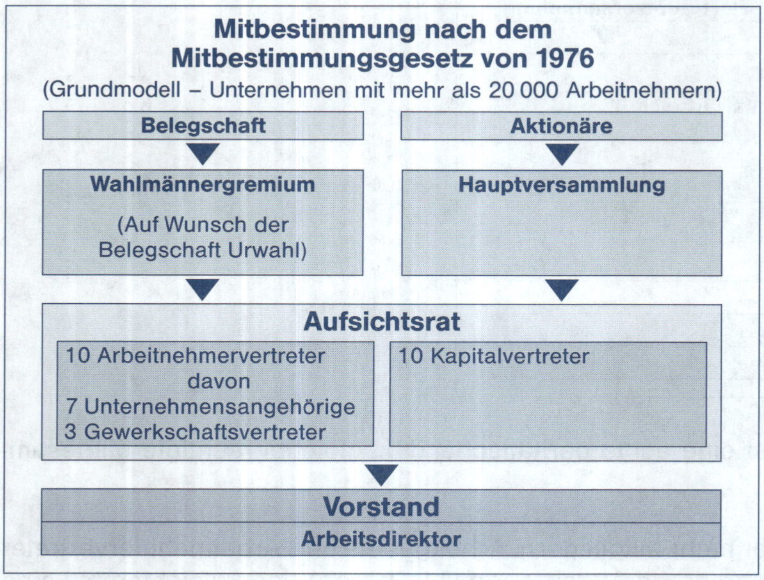

Der Aufsichtsrat ist je zur Hälfte mit Arbeitgeber- und Arbeitnehmervertretern besetzt. Zahlenmäßig ist also die Gleichberechtigung von Arbeitgebern und Arbeitnehmern gegeben. In der Realität ist jedoch das Gleichgewicht normalerweise zur Arbeitgeberseite verlagert. Das Zünglein an der Waage ist der Aufsichtsratsvorsitzende, der vom Aufsichtsrat gewählt wird. In der Regel ist er aufgrund des Wahlverfahrens ein Vertreter des Kapitals. Der Vorsitzende hat bei Stimmengleichheit im Aufsichtsrat eine zusätzliche Stimme. Außerdem ist ein Arbeitnehmervertreter ein leitender Angestellter, der über seinen Arbeitsvertrag viel stärker an die Interessen der Arbeitgeber gebunden ist, als an die Arbeitnehmerinteressen.

Ein Teil der Arbeitnehmervertreter wird von den im Betrieb vertretenen Gewerkschaften vorgeschlagen. Die übrigen Sitze werden durch Wahlmänner im Betrieb auf Arbeiter-, Angestelltenvertreter und einen Vertreter der leitenden Angestellten verteilt. Die Arbeitgebervertreter werden durch die Kapitaleigner auf der Hauptversammlung der Aktionäre oder der Gesellschafterversammlung gewählt.

In den Vorstand des Unternehmens muß mit ⅔ Mehrheit vom Aufsichtsrat ein Arbeitsdirektor bestellt werden. Seine Aufgaben im Unternehmen sind die Vertretungen der Arbeitnehmerinteressen vor allem im sozialen und personellen Bereich.

7 Gesetzliche Sozialversicherungen

Die Gründungen der Sozialversicherungen im 19. Jahrhundert sind eng mit der Industrialisierung und der damit zusammenhängenden Auflösung der alten sozialen Strukturen verbunden. Die Situation großer Teile der Bevölkerung war charakterisiert durch Hunger, Krankheiten, zu kleine Wohnungen, Ausbeutung der Arbeitnehmerschaft durch das Kapital und politische Bevormundung durch den Adel. Diese Bedingungen führten zu der solidarischen Selbsthilfe der Unterdrückten in vielen Bereichen des gesellschaftlichen Lebens. Als Beispiele seien die Genossenschaften, Gewerkschaften und politischen Vereinigungen (Allgemeiner Deutscher Arbeiterverein) genannt. Diese Vereinigungen erhielten immer mehr Unterstützung aus der Bevölkerung. Sie übten Druck auf die staatlichen Stellen aus, mit dem Ziel, die soziale Situation zu verbessern.

Unter Otto Graf von Bismarck wurden als Reaktion darauf die „Bismarck'schen Sozialgesetze" erlassen:
- Gesetz zur Krankenversicherung (1883)
- Gesetz zur Unfallversicherung (1884)
- Gesetz zur Invaliden- und Altersversicherung (1889).

In der Weimarer Republik wurde, neben vielen anderen Arbeitnehmerrechten, die vierte gesetzliche Sozialversicherung eingeführt. Mit der Arbeitslosenversicherung (1927) wurde ein zentrales und effektives System zur Versorgung des Arbeitnehmers bei Arbeitslosigkeit geschaffen, das bei der damaligen wirtschaftlichen Depression sehr wichtig war. Nach jahrelangen Diskussionen wurde in der Bundesrepublik Deutschland im Mai 1994 die Pflegeversicherung verabschiedet. Es ist die Reaktion auf die Veränderungen in der Alterspyramide und der sozialen Entwicklung zu Kleinfamilien und Einpersonenhaushalten. Der Anteil der älteren Personen, vor allem der Personen über 75 Jahre, nimmt prozentual in Deutschland immer mehr zu. Für diesen Personenkreis besteht ein erhöhtes Risiko der Pflegebedürftigkeit. Die dabei notwendige Pflege wird überwiegend nicht mehr wie früher durch die Betreuung von Familienangehörigen im eigenen Haus oder Wohnung erbracht. Die Anzahl der pflegebedürftigen Personen in Deutschland liegt weit über anderthalb Millionen Personen. Mit der gesetzlichen Pflegeversicherung, die 1995 in Kraft tritt, hat der Staat ein Instrument geschaffen, diese Personen sozial abzusichern.
Die genannten fünf Sozialversicherungen bilden heute den Grundstock unseres sozialen Systems.

Sozialversicherungen				
Krankenversicherung	**Pflegeversicherung**	**Unfallversicherung**	**Rentenversicherung**	**Arbeitslosenversicherung**
Träger: AOK, BKK, IKK und Ersatzkassen	Träger: AOK, BKK, IKK und Ersatzkassen	Träger: Berufsgenossenschaften	Träger: Landesversicherungsanstalten und Bundesversicherungsanstalt	Träger: Bundesanstalt für Arbeit

Alle fünf Versicherungen sind nach dem sozialethischen Prinzip der Solidarität „einer für alle, alle für einen" aufgebaut. Jeder Arbeitnehmer zahlt Beiträge an die Sozialversicherungen. Aus diesen Beiträgen zahlen dann die Versicherungen die Leistungen, die im Versicherungsfall fällig werden. Das Risiko des einzelnen, die hohen Kosten selbst tragen zu müssen, entfällt, und eine soziale und finanzielle Verschlechterung wird vermieden.

Die Beiträge zu dem „Sozialen Netz“, das die Versicherungen bilden, stiegen seit dem Bestehen ständig an, um die Leistungsfähigkeit zu erhalten. Heute stehen wir vor der Situation, daß immer weniger Beitragszahler immer höhere Leistungen finanzieren müssen (Zunahme der Arbeitslosenraten, Zunahme der Rentenempfänger, höhere Lebenserwartungen, niedrige Geburtenzahlen, immens gestiegene Kosten im Gesundheitswesen usw.). Auf diese Veränderungen muß das soziale System flexibel reagieren. Ständig werden Veränderungen vorgenommen werden müssen, um das Verhältnis von Beitragszahlungen und Leistungen in einem angemessenen Rahmen zu halten.

7.1 Die gesetzliche Krankenversicherung

Die Krankenversicherung ist die älteste Versicherung im sozialen Netz. Die Aufgaben der Krankenversicherungen sind im zweiten Buch der Reichsversicherungsordnung von 1911 beschrieben. Die Krankenversicherung soll allgemeine medizinische Vorsorge betreiben, bei Krankheiten die notwendige medizinische Hilfe gewähren und finanzielle Unterstützung beim Wegfall des Arbeitsentgelts im Krankheitsfall leisten.

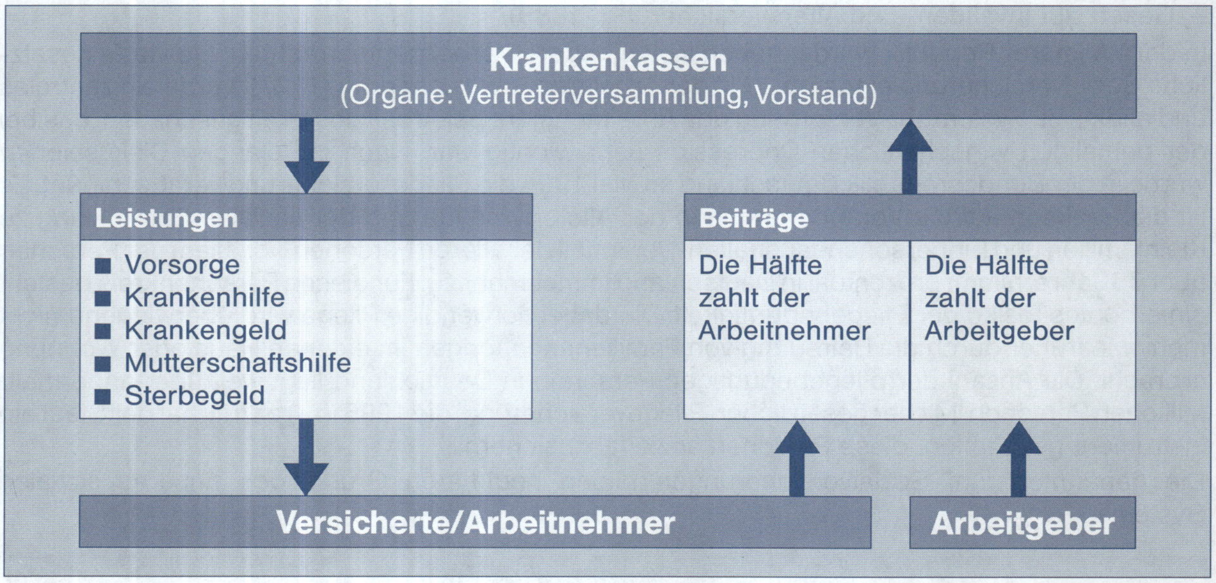

Die Träger der Krankenkassen

Die gesetzlichen Krankenkassen sind öffentlich-rechtliche Körperschaften. Sie werden durch zwei Organe verwaltet: die Vertreterversammlung und den Vorstand. Die Vertreterversammlung beschließt die Satzung der Versicherung, stellt den Haushalt fest, beschließt die Höhe der Versicherungsbeiträge und wählt den Vorstand. Der Vorstand führt die Verwaltung und die Geschäfte der Versicherung.

Beide Organe setzen sich je zur Hälfte aus Vertretern der Versicherten und der Arbeitgeber (Selbstverwaltungsprinzip) zusammen. Die ehrenamtlichen Vertreter in den Organen übernehmen somit Staatsaufgaben. Sinn dieser Besetzung ist es, Erfahrungen und Nöte der Versicherten der Verwaltung nahezubringen und Entscheidungen der Verwaltung lebensnah zu gestalten. Weiterhin haben die Versicherten die Möglichkeit, die Beitragszahlung mitzugestalten.

Ab 1996 werden die bisherigen Organe durch den ehrenamtlichen Verwaltungsrat und den hauptamtlichen Vorstand ersetzt. Der Verwaltungsrat mit maximal 30 Mitgliedern übernimmt die Aufgaben der Vertreterversammlung. Eine wichtige Aufgabe des Verwaltungsrats ist die Wahl des Vorstandes sowie des Vorstandsvorsitzenden und seines Stellvertreters. Der Vorstand setzt sich maximal aus drei Mitgliedern zusammen. Er vertritt die Kasse nach außen und führt die Geschäfte. Eine Geschäftsführung wie bisher gibt es dann nicht mehr.

Die ehrenamtlichen Vertreter der Versicherten werden demokratisch alle 6 Jahre gewählt. Wahlberechtigt sind alle Versicherten über 16 Jahre.

Die Träger der gesetzlichen Krankenversicherung unterteilen sich in
- **Allgemeine Ortskrankenkassen (AOK).** Diese Krankenkassen sind regionale Einrichtungen, die jeweils einen Landkreis oder eine kreisfreie Stadt umfassen.
- **Betriebskrankenkassen (BBK).** Dieser Krankenkassentyp kann ab 1 000 Beschäftigten in einem Betrieb eingerichtet werden.
- **Innungskassen.** Sie sind zuständig für die Beschäftigten der Betriebe, die einer Handwerksinnung angehören.
- **Ersatzkassen** und besondere Kassen für bestimmte Berufsgruppen, z. B. die Bundesknappschaftskasse für die Bergleute.

Die Versicherten der Krankenkassen

Der größte Teil aller Versicherten ist pflicht- bzw. zwangsversichert. Zu den pflichtversicherten Personen gehören
- alle Arbeitnehmer und Auszubildenden bis zur Einkommensgrenze, die 75 % der Beitragsbemessungsgrenze für die gesetzliche Rentenversicherung entspricht. Die Familienangehörigen sind mitversichert, sofern ihr Einkommen einen Mindestbetrag nicht übersteigt.
- alle Studenten, Arbeitslosen, Rentner und Landwirte mit ihren Angehörigen.

Der Rest der Versicherten ist freiwillig versichert. Hierbei unterscheidet man in
- die freiwillige Weiterversicherung
  Freiwillig weitersichern können sich Personen, deren Einkommen die Einkommensbemessungsgrenze überschreitet, deren Mitversicherung endet oder bei denen der Arbeitskampf länger als drei Wochen dauert
- den freiwilligen Eintritt in die Versicherung
  Schüler beim Besuch der Abendschule können sich freiwillig krankenversichern
- die freiwillige Versicherung der Selbständigen.

Die Versicherten bekommen von der Krankenversicherung gebührenfrei eine Krankenversicherungskarte, die bei Ärzten oder Zahnärzten vorzulegen ist. In die Versicherungskarte sind nur Daten zur Bezeichnung der Krankenkasse, die Krankenversicherungsnummer, Beginn des Versicherungsschutzes und persönliche Daten wie Name, Geburtsdatum und Anschrift aufzunehmen. Die Versicherungskarte hat den früher üblichen Behandlungsschein ersetzt.

Die Finanzierung der Krankenkassen

Der Krankenkassenbeitrag wird bei den Pflichtversicherten je zu Hältfe vom Arbeitgeber und vom Arbeitnehmer gezahlt. Der Arbeitgeber überweist den Betrag zusammen mit den Beiträgen zur Renten- und Arbeitslosenversicherung (Gesamtsozialversicherungsbeitrag) an die Krankenkassen. Die Krankenkassen leiten die anderen Versicherungsbeiträge weiter.

Der durchschnittliche Beitragssatz zu den Krankenkassen beträgt zur Zeit 14 %, d. h. dem Arbeitnehmer werden dafür ungefähr 7 % vom Bruttolohn abgezogen. Die Beiträge sind nicht von jedem Arbeitsverdienst zu zahlen, sondern nur bis zu einer bestimmten Höhe. Dieser Betrag des versicherungspflichtigen Entgeltes wird durch die Beitragsbemessungsgrenze festgelegt. Die freiwillig Versicherten, deren Verdienst über der Beitragsbemessungsgrenze liegt, zahlen ihre Krankenversicherungsbeiträge alleine. Arbeitnehmer, die freiwillig versichert sind, erhalten jedoch in der Regel einen Zuschuß vom Arbeitgeber. Bei Arbeitnehmern, deren Verdienst 610 DM nicht übersteigt, wird der Versicherungsbeitrag komplett vom Arbeitgeber gezahlt.

Die Leistungen der Krankenkassen sind prinzipiell unabhängig von der Höhe der Beitragsleistung des Versicherten. Einige Ausnahmen gibt es seit der Gesundheitsreform vom 01. 01. 1989. Werden innerhalb eines Jahres keine Leistungen in Anspruch genommen, kann der Versicherte eine Beitragsrückzahlung erstattet bekommen.

Die Leistungen der Krankenkassen

In diesem Abschnitt werden nur die Regelleistungen beschrieben, die für alle Kassen gesetzlich vorgeschrieben sind und auf Vorlage des Krankenversicherungsausweises geleistet werden.

Die Vorsorgeleistungen

- Kinder bis zum 6. Lebensjahr haben Anspruch auf besondere Untersuchungen zur Früherkennung von Krankheiten und Fehlentwicklungen.
- Frauen ab 20 Jahren und Männer ab 45 Jahren haben einmal jährlich Anspruch auf Krebsvorsorgeuntersuchungen.
- Personen, die älter als 35 Jahre sind, können sich alle zwei Jahre einer allgemeinmedizinischen Gesundheitsuntersuchung, Check up, unterziehen.
- Bei Versicherten, die das zwölfte Lebensjahr noch nicht vollendet haben, beteiligen sich die Krankenkassen an den zahnärztlichen Gruppenuntersuchungen in den Kindergärten und Schulen.
- Versicherte, die das sechste, aber das achtzehnte Lebensjahr noch nicht vollendet haben, besitzen die Möglichkeit, jedes halbe Jahr eine zahnärztliche Untersuchung durchführen zu lassen. Weiterhin haben sie Anspruch auf Versiegelung der Zähne zur Vorsorge gegen Kariesbildung.

Die Krankenhilfe

Sie umfaßt ohne zeitliche Begrenzung folgende Leistungen der Krankenkassen.

- die ärztliche und zahnärztliche Behandlung
  Bei Zahnersatz haben Versicherte einen Anspruch auf 50% Zuschuss zum Heil- und Kostenplan. Diese Beträge erhöhen sich bei regelmäßiger Vorsorge um 15%. Unter Vorsorge wird die regelmäßige jährliche zahnärztliche Untersuchung und Pflege der Zähne verstanden.
- die Versorgung mit Arzneien und Hilfsmitteln (Brillen)
  Bei den Arzneien sind Festbeträge, die sich nach dem günstigsten Medikament in einer Wirkungsklasse richten, festgelegt worden. Möchte der Patient ein Medikament, das teurer ist, muß er die Preisdifferenz selbst tragen. Bei Medikamenten ohne Festbeträge trägt die Krankenkasse den vollen Betrag. Einige Arzneimittel, wie zur Behandlung von Erkältungskrankheiten, sind von der Leistungserstattung ausgenommen. Bei allen Medikamenten muß der Versicherte einen Eigenanteil von acht (kleine Packungsgröße) oder neun (mittlere Packungsgröße) oder zehn DM (große Packungsgröße) leisten. Bei Heilmitteln trägt die Krankenkasse die gesamten Kosten, wenn der Versicherte das 18. Lebensjahr noch nicht vollendet hat. Ältere Versicherte müssen 15% der Kosten selbst tragen. Bei den Hilfsmitteln trägt die Krankenkasse die Kosten bis zum geregelten Festbetrag.
- die Krankenhauspflege und die häusliche Krankenpflege
  In den ersten 14 Tagen des Krankenhausaufenthaltes muß der Versicherte 17 DM (Stand 1998) an das Krankenhaus entrichten.

Von den möglichen Zuzahlungen zu den Kosten der Krankenbehandlung sind Härtefälle ausgenommen. Diese Regelung trifft z. B. auf Arbeitnehmer mit geringem Verdienst, Sozialhilfeempfänger, Arbeitslosenhilfeempfänger, Ausbildungsförderungsempfänger und Familienmitglieder unter 18 Jahren zu.

Mit zeitlicher Begrenzung wird von der Krankenkasse das Krankengeld gewährt. Es wird nach dem Wegfall der Lohnfortzahlung (sechs Wochen) gezahlt und beträgt 70 % des regelmäßigen Arbeitsentgelts, jedoch nicht mehr als 90 % des Nettolohns. Bei derselben Krankheit innerhalb von drei Jahren wird es höchstens 78 Wochen gezahlt. Nach der Dreijahresfrist hat der Versicherte wieder Anspruch auf die 78 Wochen Krankengeld, wenn er in der Zwischenzeit sechs Monate arbeitsfähig war.

Krankengeld wird auch gewährt, wenn ein krankes Kind, das das zwölfte Lebensjahr noch nicht vollendet hat, betreut werden muß und keine andere Person zur Verfügung steht. Für jedes Kind kann jedes Jahr für höchstens zehn Tage hintereinander Krankengeld beansprucht werden und maximal 25 Arbeitstage im gesamten Jahr. Alleinerziehende haben höhere Ansprüche.

Die Sonderleistungen

- Die Mutterschaftshilfe
  Die Mutterschaftshilfe kann nur in Anspruch nehmen, wer krankenversichert ist und in einem Arbeitsverhältnis steht. Die Hilfe setzt sich zusammen aus ärztlicher Behandlung, Arzneien, Entbindungskosten und Mutterschaftsgeld. Das Mutterschaftsgeld wird sechs Wochen vor und bis acht Wochen nach der Entbindung gezahlt.
- Das Sterbegeld
  Der Zuschuß zu den Bestattungskosten beträgt 2100 DM beim Mitglied.

7.2 Die Pflegeversicherung

Die Pflegeversicherung ist die jüngste Säule der Sozialversicherungen. Sie soll den pflegebedürftigen älteren Menschen unterstützen, sein Leben durch ambulante Pflege solange wie möglich in gewohnter häuslicher Umgebung zu gestalten. Ist das Leben im häuslichen Bereich nicht mehr möglich, wird von der Versicherung ein Großteil der Leistungen bei der stationären Pflege übernommen.

Die Träger der Pflegeversicherung

Nach dem Grundsatz „Pflegeversicherung folgt der Krankenversicherung" ist der Versicherte beim gleichen Träger versichert, bei dem er auch seinen Krankenversicherungsschutz hat. Dies sind die Krankenkassen wie im vorigen Kapitel beschrieben. Jede Krankenkasse hat unter ihrem Dach eine entsprechende Pflegekasse einzurichten.

Die Versicherten der Pflegeversicherung

In der Pflegeversicherung ist der gleiche Personenkreis pflichtversichert, der auch schon in der Krankenversicherung pflichtversichert ist. Ehegatten und Kinder, deren Verdienst die Geringfügigkeitsgrenze von 630 DM (Stand 1999) nicht übersteigt, sind in der Familienversicherung beitragsfrei mitversichert. Personen, die in der Krankenversicherung die Möglichkeit haben sich freiwillig versichern zu lassen, können nach Eintritt der Wahlmöglichkeit innerhalb von drei Monaten entscheiden, ob sie in eine private Pflegeversicherung eintreten wollen oder in der gesetzlichen Pflegeversicherung verbleiben. Ist man allerdings einmal privat pflegeversichert, dann kann diese Entscheidung nicht mehr rückgängig gemacht werden.

Die Finanzierung der Pflegeversicherung

Die Beiträge zur Pflegeversicherung werden je zur Hälfte vom Arbeitgeber und Arbeitnehmer getragen. Zum Ausgleich der Belastung der Wirtschaft durch die Arbeitgeberbeiträge wurde ein gesetzlicher Feiertag gestrichen. Der maximale zu leistende Beitrag wird höchstens von 75 % der Beitragsbemessungsgrenze erhoben.

Der Beitragssatz zur Pflegeversicherung beträgt 1,7 %. Der Arbeitnehmer hat dann entsprechend 0,85 % seines Bruttoeinkommens abzuführen. Die Leistungen der gesetzlichen Pflegeversicherung sind unabhängig von der Höhe der Beitragsleistungen.

Auch Rentner und Arbeitslose zahlen Beiträge an die Pflegeversicherung. Hier übernimmt die Rentenversicherung die Hälfte der Beiträge bzw. die Arbeitslosenversicherung den gesamten Versicherungsbeitrag.

Die Leistungen der Pflegeversicherung

Es lassen sich drei Ebenen der Leistungen unterscheiden. Als erstes gilt der Vorrang der Prävention und Rehabilitation vor Pflege. Durch Aufklärung und Beratung sowie durch geeignete Maßnahmen der Krankenkassen in der Vorsorge soll der Eintritt eines Pflegefalls minimiert werden.

Als zweites gilt der Vorrang der häuslichen Pflege vor der stationären Pflege. Die Angehörigen sollen unterstützt werden, dem pflegebedürftigen Menschen solange wie möglich ein menschenwürdiges Leben in seiner häuslichen Umgebung zu ermöglichen. Die stationäre Vollpflege soll erst dann in Anspruch genommen werden, wenn aus medizinischer oder familiärer Sicht eine andere Möglichkeit nicht gegeben ist.

Die Leistungen der Versicherung gelten dem pflegebedürftigen Menschen. Pflegebedürftig nach dem Gesetz sind Personen, die im erheblichen Maße voraussichtlich für mindestens sechs Monate Unterstützung bei ihrem gewohnten Tagesablaufes benötigen. Die Entscheidung, ob ein Mensch pflegebedürftig ist, wird durch eine Untersuchung des medizinischen Dienstes der Krankenkasse festgestellt. Ursachen der Pflegebedürftigkeit können körperliche, geistige oder seelische Erkrankungen sein.

Bei der Gewährung von Leistungen werden drei Pflegestufen unterschieden. Die Zuordnung zu einer Pflegestufe trifft der medizinische Dienst der Krankenkasse. Hiernach ist jemand

- erheblich pflegebedürftig (Stufe I), der mindestens einmal täglich Hilfe z. B. bei der Essensaufnahme, der Fortbewegung oder der Körperpflege bedarf. Versorgungsgänge zur Unterhaltung des Haushaltes sind zusätzlich zu berücksichtigen.
- schwerpflegebedürftig (Stufe II), der mindestens dreimal täglich Hilfen bei obengenannten Fällen benötigt.
- schwerstpflegebedürftig (Stufe III), der täglich 24 Stunden lang Hilfen bei obengenannten Fällen benötigt.

Die häusliche Pflege

Die Leistungen der Pflegekassen unterteilen sich in finanzielle und sachliche Hilfen sowie die Bereitstellung von Dienstleistung, z. B. Pflegepersonal. Es können auch Kombinationen aus allen drei Bereichen in Anspruch genommen werden. Hierdurch soll eine auf die individuelle Situation abgestimmte Leistung ermöglicht werden.

Bei den Sachleistungen übernimmt die Pflegekasse folgende Beträge

Pflegestufe	Betrag in DM
I	750
II	1 800
III	2 800

Werden die Sachleistungen nicht voll in Anspruch genommen, wird ein entsprechend gemindertes Pflegegeld gezahlt. Zu den Sachleistungen zählen Pflegehilfsmittel und technische Hilfe, wie z. B. Hebegeräte, Rollstühle, Sonderanfertigungen im Bettenbereich oder Wohnungsumbauten, die den Pflegebedürftigen im täglichen Ablauf unterstützen. Diese Leistungen werden aber nur erbracht, wenn keine andere Versicherung eintritt.

Bei den finanziellen Leistungen (Pflegegeld) übernimmt die Pflegekasse folgende Beträge

Pflegestufe	Betrag in DM
I	400
II	800
III	1 300

Werden keine Pflegedienstleistungen in Anspruch genommen, weil Familienangehörige die Pflege übernehmen, so sind die Personen bei ihrer pflegerischen Tätigkeit in der gesetzlichen Unfallversicherung versichert. Müssen Familienangehörige ihre Arbeitnehmertätigkeit reduzieren oder ganz aufgeben, um die häusliche Pflege des Familienmitgliedes zu gewährleisten, zahlt die Pflegeversicherung einen entsprechenden Beitrag an die Rentenversicherung.

Bei einer teilstationären Pflege liegen die Leistungssätze etwas höher.

Die stationäre Pflege

Ist eine häusliche oder teilstationäre Pflege nicht möglich, oder auf Grund der Schwere des Falles nicht gegeben, kommt eine vollstationäre Pflege in Betracht. In diesem Fall übernimmt die Versicherung pflegebedingte Aufwendungen bis zu 2 800 DM, in Härtefällen bis zu 3 300 DM. Zu den pflegebedingten Leistungen gehören nicht die Verpflegung und Unterkunft der stationären Einrichtung. Diese sind von dem Versicherten selbst zuzuzahlen.

7.3 Die Unfallversicherung

Die allgemeinen Aufgaben der Unfallversicherung sind die Verhütung des Arbeitsunfalls und aller arbeitsbedingten Gesundheitsgefahren (lt. Unfallverz.-Einordnungsgesetz v. 21.08.1996), die medizinische Behebung der Folgen eines Arbeitsunfalls, die Förderung der Wiedereingliederung in den Arbeitsalltag nach einem Arbeitsunfall und die finanzielle Absicherung des Unfallopfers.

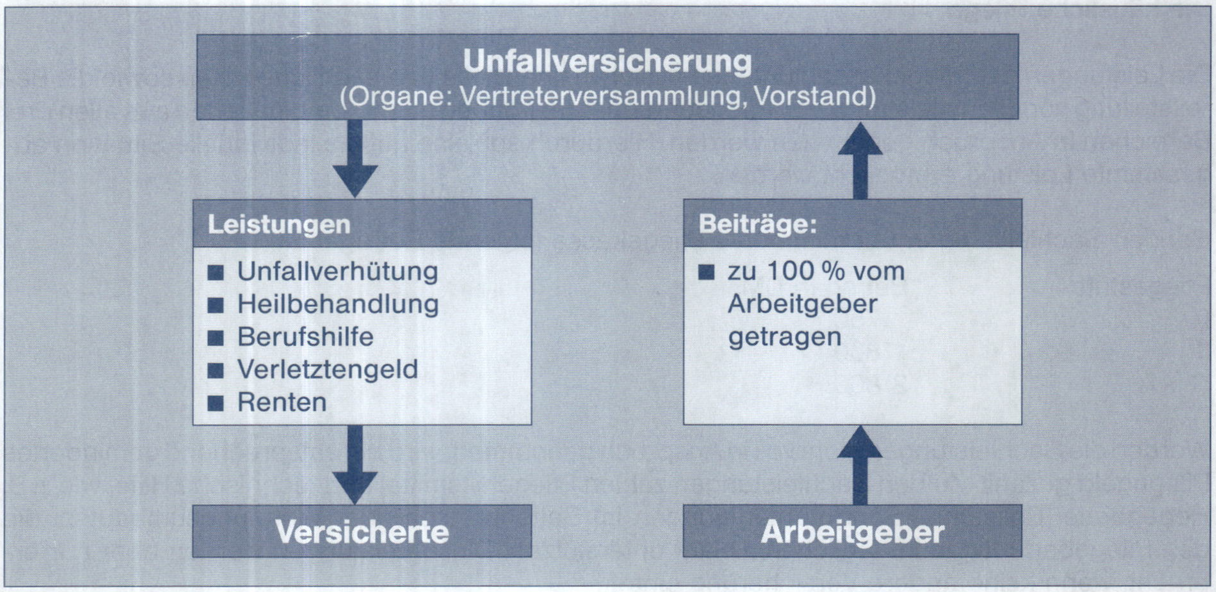

Die Träger der Unfallversicherung

Die Versicherungsträger sind die jeweiligen gewerblichen und landwirtschaftlichen Berufsgenossenschaften. Bei den Angestellten des öffentlichen Dienstes sind der Bund, die Länder oder die Gemeinden die Versicherungsträger. Die Unfallversicherungen sind wie die Krankenversicherungen nach dem Prinzip der Selbstverwaltung organisiert.

Die Versicherten der Unfallversicherung

Zu den Pflichtversicherten gehören
- alle Arbeitnehmer unabhängig von der Höhe des Einkommens
- ein geringer Teil der Selbständigen
- alle Heimarbeiter
- alle Arbeitslosen
- alle Personen, die bei Unglücksfällen Hilfe leisten
- alle Kinder in den Kindergärten
- alle Schüler und Studenten.

Zu den freiwillig Versicherten gehören die Unternehmer und ein Teil der Selbständigen.

Die Finanzierung der Unfallversicherung

Die Beiträge zur Unfallversicherung werden alleine von den Arbeitgebern getragen. Die Höhe der Beiträge richtet sich nach der Höhe der erbrachten Leistungen der Versicherung, nach dem Verdienst des Versicherten und nach dem statistischen Unfallrisiko in seinem Beruf. Die Beiträge werden jedes Jahr neu nach den Vorgaben berechnet. Werden von dem Arbeitgeber die Beiträge zur Versicherung nicht bezahlt, so bleibt der Versicherungsschutz für den Arbeitnehmer trotzdem bestehen.

Die Leistungen der Unfallversicherung

Die Leistungen der Versicherung beziehen sich auf zwei große Gebiete, die Unfallverhütung und die Beseitigung und Milderung von Unfallfolgen.

Die Unfallverhütung

Die wichtigste Aufgabe der Versicherung ist der Erlaß der Unfallverhütungsvorschriften. Die Einhaltung und die Bekanntmachung der Vorschriften ist für den Arbeitgeber verpflichtend. Die Vorschriften sind für jeden einsichtig auszulegen. Die Einhaltung der Vorschriften wird durch technische Überwachungsbeamte überprüft (siehe auch Seite 90).

Die Unfallfolgen

Von der Unfallversicherung können nur bei bestimmten Unfällen Leistungen bezogen werden:
- beim Arbeitsunfall
  Der Arbeitsunfall muß während der Arbeitszeit oder in den Pausen auf dem Betriebsgelände geschehen sein
- beim Wegeunfall
  Hierunter wird der Unfall auf dem kürzesten Weg zwischen der Wohnung des Versicherten und der Arbeitsstätte verstanden. Längere Wegstrecken sind erlaubt, wenn Mitfahrer einer Fahrgemeinschaft oder eigene Kinder im Kindergarten abgesetzt werden müssen. Unfälle im Haus zählen nicht zu den Wegeunfällen
- bei Berufskrankheiten
  Die Krankheit muß als Berufskrankheit anerkannt sein.

Ein Unfall muß sofort dem Arbeitgeber gemeldet werden. Der Arbeitgeber meldet den Unfall dann an die Versicherung weiter. Je nach Fall kann der Arbeitnehmer eine der folgenden Leistungen von der Unfallversicherung erhalten:
- Heilbehandlung und Verletztengeld
  Hierzu zählen alle medizinischen Versorgungen, die zur Wiederherstellung der Arbeitskraft vonnöten sind. Nach dem Wegfall der Lohnfortzahlungpflicht wird das Verletztengeld, das in der Zahlungsdauer und der Höhe dem Krankengeld entspricht, gezahlt
- Berufshilfe und Übergangsgeld
  Das Ziel ist die Wiedereingliederung in den Arbeitsprozeß, wenn nach einem Berufsunfall die Ausübung des gleichen Berufes nicht mehr möglich ist. Auf Kosten der Unfallversicherung kann der Versicherte in einen anderen Beruf umschulen. Während dieser Zeit wird ihm ein Übergangsgeld gezahlt
- Renten
  Besteht für den Versicherten durch den Unfall oder durch die Berufskrankheit keine volle Erwerbsfähigkeit mehr, zahlt die Unfallversicherung eine Verletztenrente.
  Beim Sterbefall des Versicherten durch einen Berufsunfall zahlt die Unfallversicherung an die Hinterbliebenen eine Rente (Witwen-, Waisenrente), die je nach Fall zwischen 30 und 40 % des Jahresarbeitsverdienstes des Verstorbenen beträgt. Zusätzlich wird ein Sterbegeld von einem Zwölftel des Jahresarbeitsverdienstes gezahlt.

Die Unfallversicherung erbringt die Leistungen auch bei fahrlässigen Unfällen. Eine Ausnahme sind Unfälle, die auf Alkoholgenuß zurückzuführen sind.

7.4 Die Rentenversicherung

Die Grundlage der Rentenversicherung ist der „Generationenvertrag“. Die Beitragsleistungen der im Arbeitsleben stehenden Generationen werden dazu verwendet, die Renten der aus dem Arbeitsleben ausgeschiedenen Generation abzusichern. Die Höhe der Renten wird der Lohnentwicklung angepaßt (Dynamische Rente).

Weitere Aufgabe der Rentenversicherung ist die Durchführung von Maßnahmen zur Verbesserung der Gesundheit und damit der Erhöhung der Lebenserwartung der Bevölkerung. Ferner die Rehabilitation nach Unfall oder Krankheit, damit der einzelne wieder ins Arbeitsleben eingegliedert und am gesellschaftlichen Leben teilnehmen kann.

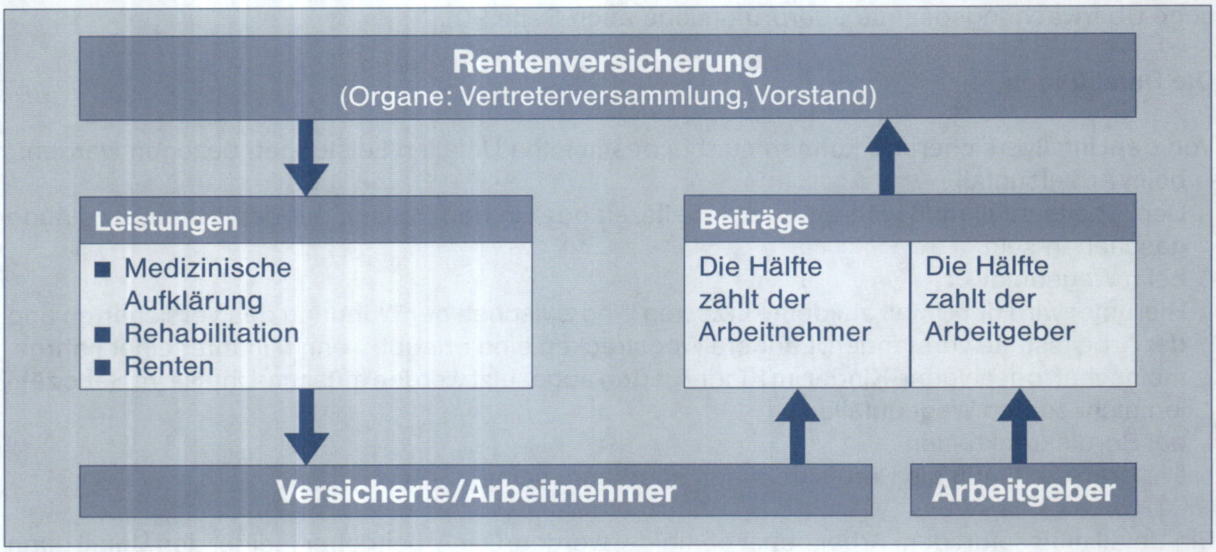

Die Versicherungsträger der Rentenversicherung

Die Versicherungsträger sind öffentlich-rechtliche Körperschaften. Sie sind nach dem Selbstverwaltungsprinzip organisiert. Die Organe der Selbstverwaltungen setzen sich je zur Hälfte aus ehrenamtlichen Vertretern der Arbeitgeber und der versicherten Arbeitnehmer zusammen. Für die Angestellten ist der Versicherungsträger die Bundesversicherungsanstalt für Angestellte (BfA) in Berlin. Für die Arbeiter sind es die regional gegliederten Landesversicherungsanstalten (LVA). Für Bergleute, Mitarbeiter der Bahn und Seeleute gibt es gesonderte Versicherungsanstalten.

Die Versicherten der Rentenversicherung

Alle Arbeitnehmer sind durch das Gesetz pflichtversichert. Die berufliche Tätigkeit entscheidet dabei, bei welchem Versicherungsträger der einzelne Versicherte versichert ist. Die Rentenversicherung stellt auch den Sozialversicherungsausweis aus. Selbständige können der Rentenversicherung freiwillig beitreten, um sich für das Alter abzusichern. Beamte fallen nicht unter die Rentenversicherung. Sie erhalten vom Staat eine Pension.

Die Finanzierung der Rentenversicherung

Die Beiträge zur Rentenversicherung werden je zur Hälfte von den Versicherten und den Arbeitgebern getragen. Der Beitragssatz beträgt 19,5% des Bruttolohns (Stand 1999), d.h., der Arbeitnehmer zahlt 9,75%.

Der prozentuale Beitrag zur Rentenversicherung wird dem Arbeitnehmer maximal von der Beitragsbemessungsgrenze abgezogen, die 8 500 DM (West, 1999) bzw. 7 200 DM (Ost, 1999) beträgt.

Die Höhe des Beitrages zur Rentenversicherung wird vom Bundestag festgelegt. Eine freiwillige Höherversicherung ist jederzeit möglich. Reichen die Beiträge zur Rentenversicherung nicht aus, um alle Ausgaben der Versicherung zu decken, ist der Staat verpflichtet, den finanziellen Fehlbetrag auszugleichen (Bundesgarantie).

Die Leistungen der Rentenversicherung

Die Leistungen der Rentenversicherung lassen sich in zwei Hauptbereiche unterteilen: erstens die allgemeine medizinische Aufklärung der Bevölkerung und die Rehabilitation des Einzelnen, um eine vorzeitige Rentenzahlung zu vermeiden und zweitens die Auszahlung der verschiedenen Renten.

Die Rehabilitation

Bei der Einschränkung der Erwerbsfähigkeit oder bei der Berufsunfähigkeit durch Krankheit des Versicherten werden von der Rentenversicherung Leistungen erbracht, die der Wiederherstellung der Erwerbsfähigkeit dienen. Eine der Vorbedingungen für die Teilnahme an den folgenden Versicherungsleistungen sind mindestens 180 Monatsbeiträge des Versicherten zur Rentenversicherung.

- **Medizinische Leistungen**
  Hierzu gehören neben den Arztkosten auch die Kosten für Prothesen und Heil- und Kuraufenthalte.
- **Berufsfördernde Leistungen**
  Die Leistungen umfassen die Umschulungs- und Ausbildungsmaßnahmen als Eingliederungshilfen in einen Beruf. Finanziell werden die Maßnahmen und Leistungen durch ein Übergangsgeld abgesichert. Als Berechnungsgrundlage werden zwischen 65 % bei berufsbildenden Maßnahmen und 80 % bei medizinischen Leistungen des bisherigen Regeleinkommens angesetzt. Von der Berechnungsgrundlage werden dann zwischen 68 % und 75 % als Übergangsgeld ausgezahlt.
- **Die Renten**
  Von der Versicherung werden unterschiedliche Renten gezahlt. Im einzelnen unterscheidet man die Renten wegen Erwerbsminderung, die Altersruhegelder und die Renten an Hinterbliebene. Bei Renten wegen Berufsunfähigkeit oder Erwerbsunfähigkeit muß eine Wartezeit von fünf Jahren erfüllt sein, in der für drei Jahre Beiträge entrichtet wurden.

  Die Regelaltersrente wird ab Vollendung des 65. Lebensjahres und 15 Jahren Wartezeit gezahlt. Frauen und Arbeitslose können schon ab Vollendung des 60. Lebensjahres und 15 Jahren Wartezeit und bei bestimmten Pflichtbeitragszeiten in Rente gehen. Die Höhe der Rente des Versicherten errechnet sich aus dem Durchschnittsverdienst des Versicherten, dem Durchschnittsverdienst aller Versicherten, den Beitragsjahren und der Dynamisierung der Rente. Die Witwen- oder Witwerrente wird ohne Einschränkung durch den Eigenverdienst solange gezahlt, wie der Rentenempfänger nicht wieder verheiratet ist. Die Waisenrente an unterhaltspflichtige Kinder des Versicherten wird in der Regel bis zum 18. Lebensjahr des Kindes gezahlt.

Die Wartezeit

Alle Leistungen der Rentenversicherung können nur in Anspruch genommen werden, wenn der Versicherte eine bestimmte Zeit der Versicherung angehört hat. Diese Zeit wird Wartezeit genannt. Auf die Wartezeit angerechnet werden
- die Zeiten, in denen der Versicherte beitragspflichtig war
- die anerkannten Ersatzzeiten, in denen vom Versicherten keine Beiträge gezahlt wurden. Dazu zählt zum Beispiel die schulische Ausbildung für den Beruf
- die Kindererziehungszeiten.

Der Nachweis über die geleisteten Beiträge zur Rentenversicherung wird durch das Sozialversicherungsnachweisheft erbracht. Die Belege über die Zahlungen sind vom Versicherten sorgfältig aufzubewahren, damit er später die Möglichkeit zur Kontrolle der Rentenleistung hat. Die Leistungen der Rentenversicherungen werden nur auf Antrag der Versicherten, also nicht automatisch geleistet.

7.5 Die Arbeitslosenversicherung

Ursprünglich diente die Arbeitslosenversicherung nur der finanziellen Absicherung der Arbeitslosen. Heute sind ihre Aufgaben weiter gefaßt. Grundlage für die Versicherungsleistungen ist das dritte Buch zum Sozialgesetzbuch (Arbeitsförderung) von 1997. In dem Gesetz steht die Förderung der beruflichen Bildung und die Erhaltung des Arbeitsplatzes im Vordergrund. Das Hauptziel der Arbeitslosenversicherung ist danach nicht, die Arbeitslosigkeit zu finanzieren, sondern alle Möglichkeiten auszuschöpfen, um einen hohen Beschätigungsstand mit qualitativ gut ausgebildeten Arbeitnehmern zu erreichen.

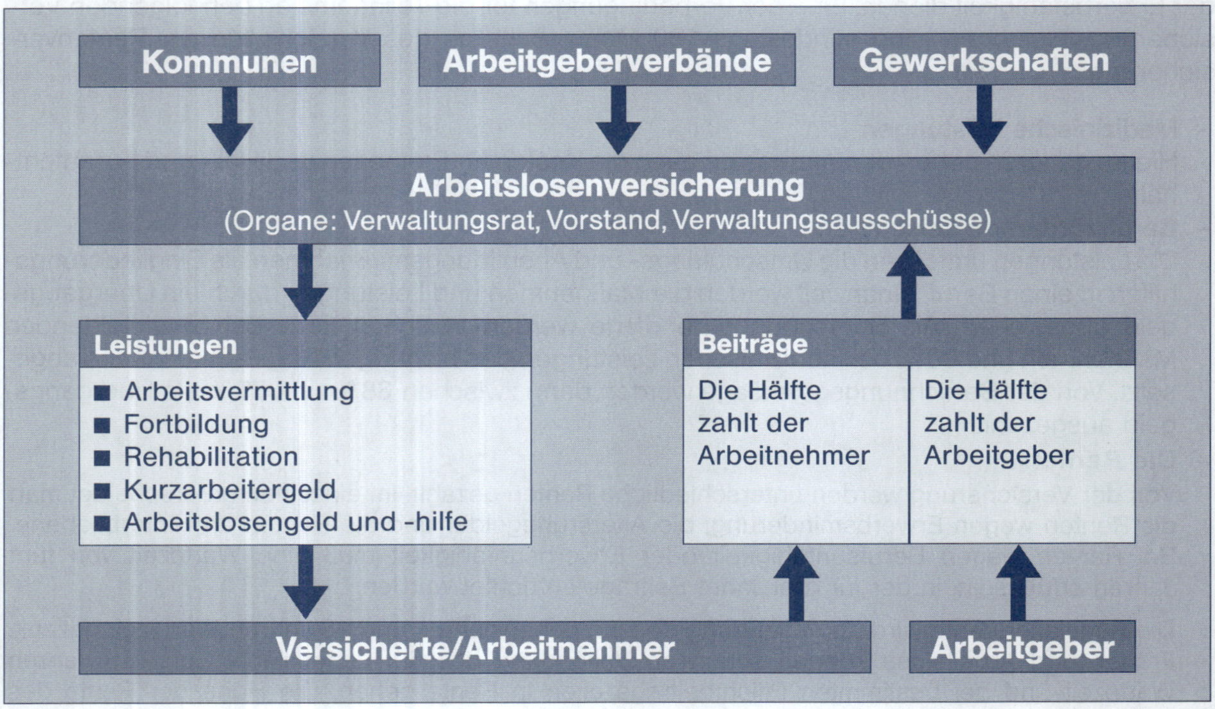

Der Träger der Arbeitslosenversicherung

Der Träger der Arbeitslosenversicherung ist die Bundesanstalt für Arbeit in Nürnberg vertreten durch die einzelnen Arbeitsämter. Als Körperschaft des öffentlichen Rechts untersteht sie auch dem Prinzip der Selbstverwaltung. Die Organe der Selbstverwaltung sind

- der Verwaltungsrat
- der Vorstand
- die Verwaltungsausschüsse der Arbeitsämter.

Die Mitglieder der Verwaltungsorgane werden nicht öffentlich gewählt, sondern von den Gewerkschaften, den Arbeitgeberverbänden und den Kommunen auf sechs Jahre in die Verwaltungsorgane berufen.

Die Versicherten der Arbeitslosenversicherung

Bei der Arbeitslosenversicherung gibt es nur Pflichtversicherte. Pflichtversichert sind alle Arbeiter und Angestellten. Beamte, Selbständige, Rentner und Schüler sind nicht versichert. Die Arbeitnehmer, die das 65. Lebensjahr vollendet haben, sind ebenfalls nicht versichert, weil sie Rente in Anspruch nehmen können.

Die Finanzierung der Arbeitslosenversicherung

Die Finanzierung der Leistungen geschieht im wesentlichen aus den Beiträgen. Die Beiträge werden je zur Hälfte vom Arbeitgeber und vom Arbeitnehmer gezahlt. Der Beitragssatz beträgt zur Zeit 6,5 %. Der Arbeitnehmer zahlt demnach 3,25 % des Bruttoverdienstes. Der prozentuale Anteil wird maximal von der Beitragsbemessungsgrenze berechnet.

Reichen die Beiträge nicht aus, um die Leistungen der Arbeitslosenversicherung zu bezahlen, muß der Staat die Differenz ausgleichen (Bundesgarantie). Vom Staat alleine wird nur die Arbeitslosenhilfe finanziert.

Die Leistungen der Arbeislosenversicherung nach dem Arbeitsförderungsgesetz

Unter den Katalog der Arbeitsamtsmaßnahmen nach dem Arbeitsförderungsgesetz fallen
- die Arbeitsvermittlung und Berufsberatung
- die Arbeitsmarktforschung
- die Förderung der beruflichen Bildung
- die Förderung der Arbeitsaufnahme
- die berufliche Rehabilitation
- die finanziellen Leistungen zur Sicherung des Arbeitsplatzes.

Eine zentrale Aufgabe der Arbeitsämter ist die Vermittlung von Arbeitssuchenden in freie Arbeitsstellen. Mit Erlaubnis der Bundesanstalt für Arbeit dürfen auch private Institutionen Arbeitsvermittlung betreiben. Die Arbeitsvermittlung soll unparteiisch verlaufen und nur die persönlichen Kenntnisse und Fähigkeiten der zu vermittelnden Person berücksichtigen.

Die Arbeitsämter besitzen bei der Berufsberatung und der Vermittlung von beruflichen Ausbildungsstellen ein Monopol. Die Berufsberatung zielt schwerpunktmäßig auf die Schulabgänger. Mit Hilfe der Berufsinformationszentren (BIZ) in den Arbeitsämtern soll den Schülern ein umfassendes Bild des Arbeitsmarktes vermittelt werden. Zur Feststellung der beruflichen Eignung erstellen die Arbeitsämter unentgeltlich psychologische Eignungstests.

Die Förderungsmaßnahmen zur beruflichen Bildung sollen dem einzelnen die notwendige Qualifizierung ermöglichen, um einen neuen Arbeitsplatz in der Industrie zu finden. Zu diesen Maßnahmen gehören
- die Ausbildung
- die Weiterbildung
- die Umschulung des Arbeitslosen
- die Trainingsmaßnahmen.

Das Arbeitsamt übernimmt bei entsprechenden Voraussetzungen die Kosten und zahlt ein Unterhaltsgeld für die Zeit der Maßnahme.

Im Rahmen der Arbeitsaufnahmeförderung zahlt das Arbeitsamt dem Arbeitssuchenden die Bewerbungskosten, die Reise- und Umzugskosten und die Kosten für eine notwendige Arbeitsausrüstung. Die Kosten werden aber nur übernommen, wenn sie dem Arbeitssuchenden nicht zuzumuten sind.

Bei den Rehabilitationsmaßnahmen der Arbeitsämter werden körperlich oder geistig behinderte Menschen in entsprechend ausgerüsteten Zentren, Ausbildungsstätten und Heimen auf das Arbeitsleben vorbereitet.

Zur Sicherung der Arbeitsplätze, die durch einen Konjunkturrückgang, einen Strukturwandel in einzelnen Industriezweigen oder durch saisonnale Abhängigkeiten (witterungsabhängige Betriebe) gefährdet sein können, zahlt das Arbeitsamt einen finanziellen Ausgleich.

Auf das Kurzarbeitergeld haben die Arbeitnehmer Anspruch, bei denen im Betrieb 10 % der Arbeit für mindestens ein Drittel der Arbeitnehmer und mindestens vier Wochen ausfallen. Der Arbeitsausfall muß unvermeidbar sein und z. B. auf wirtschaftlichen Ursachen beruhen. Die Arbeitnehmer erhalten zwischen 60 % und 67 % (mit Kindern) des „Nettoverdienstausfalls" vom Arbeitsamt gezahlt. Die Gewährung des Kurzarbeitergelds erfolgt für höchstens sechs Monate.

Zur Absicherung der ganzjährigen Beschäftigung der Arbeitnehmer in der Bauindustrie können die Arbeitnehmer während der Schlechtwetterzeit (1. November bis 31. März) für witterungsbedingten Arbeitsausfall Zuschuß-Wintergeld zum erbrachten Lohnersatz der Arbeitgeber für maximal 150 Stunden erhalten. Der Arbeitsausfall muß mindestens eine Stunde je Tag betragen. Im Anschluß daran können die Arbeitnehmer Winterausfallgeld beanspruchen, das in der Höhe dem Kurzarbeitergeld entspricht. Zusätzlich können die Arbeitnehmer je geleistete Arbeitsstunde in der Zeit vom 15. Dezember bis Ende Februar 2 DM Mehraufwands-Wintergeld erhalten.

Das Arbeitsamt unterstützt auch die Schaffung neuer Arbeitsplätze in Bezirken mit hoher Arbeitslosigkeit oder in Berufen mit hoher Arbeitslosenquote. Die neu zu schaffenden Arbeitsplätze müssen den Charakter von zusätzlichen Arbeitsplätzen haben, d. h., es dürfen keine aus wirtschaftlicher Notwendigkeit zu besetzende Arbeitsplätze sein und sie müssen im öffentlichen Interesse liegen. Die einzustellenden Arbeitnehmer müssen mindestens sechs Monate arbeitslos gewesen sein und Arbeitslosengeld oder Arbeitslosenhilfe beziehen. Der gezahlte Zuschuß für die Arbeitsbeschaffungsmaßnahme (ABM) kann dann zwischen 30% und 75% des berücksichtigungsfähigen Arbeitsentgeltes betragen. Das berücksichtigungsfähige Arbeitsentgelt entspricht 80% des Arbeitsentgeltes für eine vergleichbare Arbeitstätigkeit.

Die finanziellen Leistungen an die Arbeitslosen

Die Arbeitslosen und ihre Familien erhalten vom Arbeitsamt zur Bestreitung ihres Lebensunterhaltes entweder Arbeitslosengeld oder Arbeitslosenhilfe. Vom Arbeitsamt werden ebenfalls die Beiträge zur Krankenversicherung und zur Rentenversicherung gezahlt, damit die sozialen Schutzleistungen dieser Versicherungen erhalten bleiben. Einen Anspruch auf Arbeitslosengeld hat der Versicherte

- der in den vergangenen drei Jahren für mindestens 12 Monate versicherungspflichtig beschäftigt war
- der sich persönlich beim Arbeitsamt arbeitslos gemeldet hat
- der der Arbeitsvermittlung zur Verfügung steht
- der Arbeitslosengeld beantragt hat.

Die Höhe des Arbeitslosengelds entspricht der des Kurzarbeitergelds. Bei Anspruch wird es mindestens sechs Monate und höchstens 12 Monate gezahlt. Die Dauer der Zahlung richtet sich allgemein nach der Dauer der Beschäftigung vor der Arbeitslosigkeit. Für die Höchstleistung muß der Arbeitnehmer in den letzten sieben Jahren mindestens 24 Monate beitragspflichtig beschäftigt gewesen sein. Arbeitnehmer nach Vollendung des 45. Lebensjahres, die längere Beschäftigungszeiten nachweisen können, haben darüber hinaus Anspruch auf längere Arbeitslosengeldzahlungen.

Das Arbeitsamt kann die Zahlung des Arbeitslosengelds bei eigener Kündigung, fristloser Kündigung, Ablehnung einer beruflichen Eingliederungsmaßnahme und der Nichtannahme von Vermittlungsangeboten sperren. Normalerweise beträgt die Sperrfrist zwölf Wochen. Wird der Leistungsempfänger während der Arbeitslosigkeit krank, zahlt die Krankenkasse nach sechs Wochen das Krankengeld.

Arbeitslosenhilfe kann gewährt werden, wenn der Versicherte keinen Anspruch auf Arbeitslosengeld mehr hat oder im letzten Jahr vor der Antragstellung mindestens 150 Tage beitragsfähig beschäftigt war. Damit der Arbeitslose die Arbeitslosenhilfe beziehen kann, muß er

- der Arbeitsvermittlung zur Verfügung stehen
- die Arbeitslosenhilfe beantragen
- bedürftig sein, d. h., er darf kein Vermögen oder anderes Einkommen haben. Dabei wird auch das Einkommen des Ehegatten oder Ehegattin berücksichtigt.

Die Höhe der Arbeitslosenhilfe beträgt 53 oder 57 % (mit Kindern) des letzten durchschnittlichen „Nettoverdienstes". Die Arbeitslosenhilfe wird höchstens für ein Jahr bewilligt. Danach erfolgt eine erneute Bewilligungsprüfung. Insgesamt wird die Arbeitslosenhilfe aber zeitlich unbegrenzt gezahlt.

7.6 Die Sozialhilfe

Die Sozialhilfe ist eine Unterstützung, die von den Kommunen gezahlt wird. Sie soll die Absicherung des Mindestlebensstandards gewährleisten. Zu den Leistungsempfängern zählen die Personen, die durch andere Träger nicht oder nicht vollständig abgesichert sind:

- Hausfrauen und Studenten, die bisher noch keiner Erwerbstätigkeit nachgegangen sind
- Personen, deren Arbeitslosenhilfe niedriger ist, als der Sozialhilfesatz
- Personen, denen vom Arbeitsamt eine Sperrfrist auferlegt worden ist.

8 Arbeits- und Sozialgerichtsbarkeit

In der Bundesrepublik Deutschland werden fünf Zweige der Gerichtsbarkeit unterschieden:
- die ordentliche Gerichtsbarkeit
  Die ihr angehörigen Gerichte sind zuständig für die Fälle des bürgerlichen Rechts und des Strafrechts.
- die Verwaltungsgerichtsbarkeit
  Hier werden Streitfälle behandelt, die durch Entscheidungen der Gemeinde-, Landes- oder Bundesbehörden entstehen können.
- die Finanzgerichtsbarkeit
  Die Gerichte sind zuständig für Streitfälle in Steuerfragen.
- die Arbeitsgerichtsbarkeit
  Hier werden Rechtsstreitigkeiten aus den Arbeits- und Tarifverträgen verhandelt.
- die Sozialgerichtsbarkeit
  Diese Gerichte sind für Rechtstreitigkeiten zuständig, die mit den Leistungen der Sozialversicherungen zusammenhängen.

Daneben gibt es das Bundesverfassungsgericht in Karlsruhe, das die Überwachung unserer sozialen Rechtsstaatlichkeit zur Aufgabe hat.

In allen Fällen wirken Berufsrichter an der Urteilsfindung mit. Die Richter sind in ihrem Urteilsspruch an keine Weisungen gebunden, sondern einzig und allein dem Gesetz gegenüber verantwortlich.

8.1 Die Sozialgerichtsbarkeit

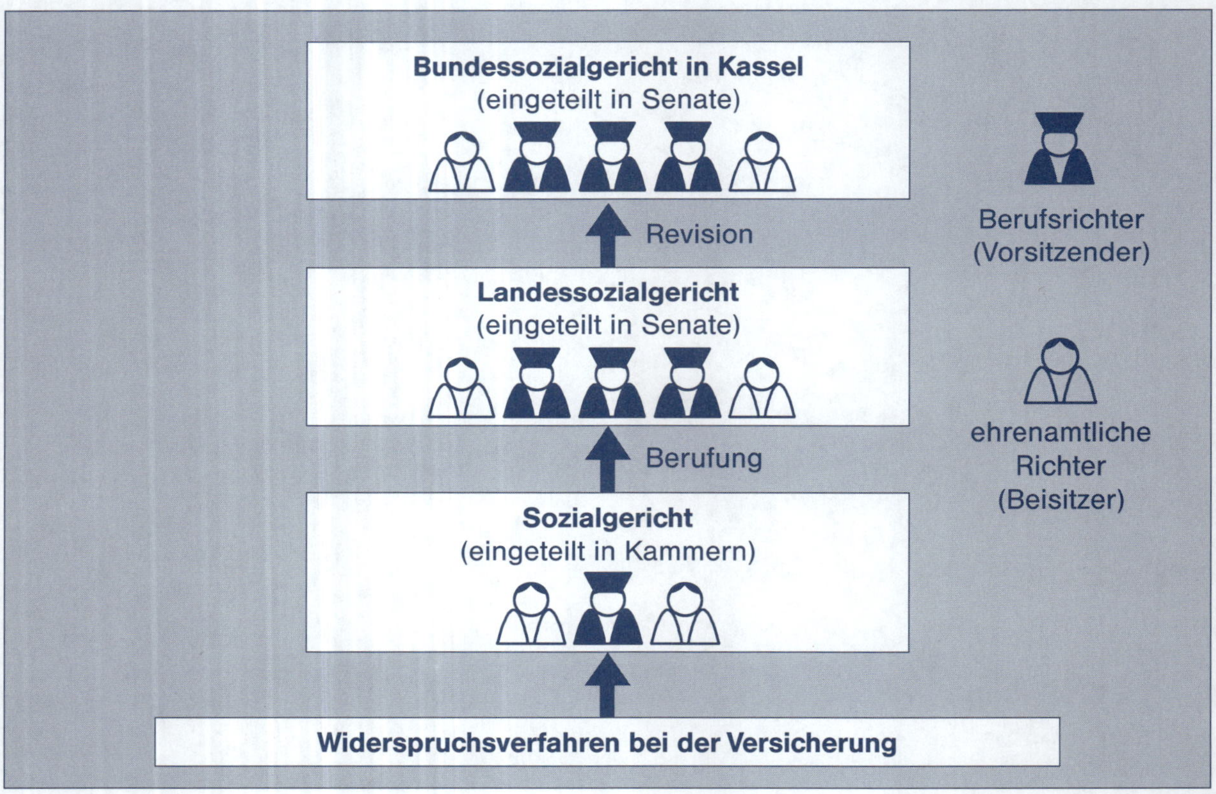

Die Sozialgerichtsbarkeit ist dreistufig aufgebaut. Jedes Sozialgericht setzt sich aus Berufsrichtern und ehrenamtlichen Richtern (Beisitzern) zusammen. Vorbedingungen zur Berufung als ehrenamtlicher Richter sind ein Mindestalter von 25 Jahren und keine Vorstrafen. Ein ehrenamtlicher Richter wird jeweils von den Gewerkschaften, der andere von den Arbeitgeberverbänden vorgeschlagen. Sie werden für die Dauer von vier Jahren ins Amt berufen. Die Anzahl der Berufsrichter beträgt je nach der Instanz zwischen einem und drei Richtern.

Das Gerichtsverfahren

Dem Gerichtsverfahren geht in der Regel ein Widerspruchsverfahren bei der Versicherung voran. Wird der Widerspruch abgelehnt, kommt der Streitfall vor das Sozialgericht. Das Verfahren ist für den Kläger kostenfrei.

Das Gericht verhandelt öffentlich, in einem mündlichen Verfahren. Die wesentlichen Tatsachen werden von dem Gericht selbst ermittelt. Die Beteiligten an dem Verfahren können sich in den beiden ersten Instanzen selbst vertreten. In der dritten Instanz (Bundessozialgericht) ist die Vertretung durch einen Anwalt vorgeschrieben. Die Entscheidung wird in der Regel aufgrund der mündlichen Verhandlung getroffen. Jede Richterstimme hat bei der Entscheidung das gleiche Gewicht. Entscheidungen werden daher immer mit absoluter Mehrheit gefällt.

Gegen die Entscheidung des Sozialgerichtes kann, zur Überprüfung des Urteils, Berufung vor dem Landessozialgericht eingelegt werden. Gegen die Entscheidung des Landessozialgerichts kann Revision vor dem Bundessozialgericht in Kassel eingelegt werden.

Die Zuständigkeit der Sozialgerichte

Die Gerichte entscheiden in Kammern (Sozialgerichte) oder in Senaten (Landessozialgerichte, Bundessozialgericht). Sie sind zuständig bei Rechtsstreitigkeiten aus folgenden Bereichen:
- Rentenversicherung
- Krankenversicherung
- Pflegeversicherung
- Unfallversicherung
- Arbeitslosenversicherung
- Kriegsopferversorgung
- Kassenarztrecht.

8.2 Die Arbeitsgerichtsbarkeit

Die Arbeitsgerichte sind wie die Sozialgerichte aufgebaut. Das Bundesarbeitsgericht hat seinen Sitz ebenfalls in Kassel.

Das Gerichtsverfahren

Bevor es zur eigentlichen Gerichtsverhandlung kommt, hat der Vorsitzende des Gerichtes zu versuchen, in einer mündlichen Verhandlung eine gütliche Einigung der streitenden Parteien zu erreichen. Die mündliche Vorverhandlung muß innerhalb von zwei Wochen nach der schriftlichen Klageerhebung erfolgen. Die Klageerhebung kann auch mündlich zur Niederschrift vorgetragen werden.

Das Gerichtsverfahren ist eine mündliche Verhandlung und muß öffentlich geführt werden. Die beiden Parteien können sich in der ersten Instanz selbst vertreten. In den anderen Instanzen müssen Rechtsanwälte hinzugezogen werden. Für das Gerichtsverfahren wird eine Kostengebühr von mindestens 20 DM bei einem Streitwert von bis zu 300 DM erhoben. Je nach Streitwert erhöht sich auch die Kostengebühr. Der Höchstbetrag liegt bei 1 000 DM für einen Streitwert von über 24 000 DM. Die unterliegende Partei hat normalerweise die gesamten Kosten zu tragen.

Die Zuständigkeit der Arbeitsgerichte

Die Arbeitsgerichte sind für folgende Bereiche, ohne Rücksicht auf die Höhe des Streitwertes, zuständig:

- für Streitigkeiten zwischen den Tarifvertragsparteien, die sich aus den Tarifverträgen ergeben
- für Rechtsstreitigkeiten zwischen dem Arbeitgeber und dem Arbeitnehmer, die sich aus dem Arbeitsvertrag ergeben
- für Fälle, die aus dem Gebiet des Betriebsverfassungsrechts und des Mitbestimmungsrechts stammen
- für Streitigkeiten, die in Zusammenhang mit Arbeitnehmererfindungen und dem Urheberrecht stehen.

1 Berufsausbildung

Programmierte Aufgaben

1 01	1	1 07	4	1 13	3
1 02	4	1 08	2	1 13	1
1 03	3	1 09	4	1 15	5
1 04	2	1 10	2	1 16	2
1 05	3	1 11	2	1 17	4
1 06	5	1 12	3		

Vorstrukturierte konventionelle Aufgaben

1 18

1. Arbeitgeberverbände
2. Gewerkschaften
3. Bundesinstitut für Berufsbildung
4. Die neu erstellten Ausbildungsordnungen müssen, bevor sie in Kraft treten, vom **Bundesminister für Wirtschaft** erlassen werden.

1 19

Eine Möglichkeit ist die Weiterbildung im erlernten Beruf durch den Besuch der Meisterkurse bei den Industrie- und Handelskammern oder der Besuch einer Fachschule für Technik zum Erwerb des Technikers der jeweiligen Fachrichtung. Eine andere Weiterbildungsmöglichkeit ist der Besuch einer allgemeinbildenden Schule zum Erwerb der Fachhochschulreife oder Hochschulreife mit anschließendem Studium an einer Fachhoch- oder Hochschule.

1 20

Qualifizierte Arbeitskräfte verlieren nicht so schnell den Arbeitsplatz
Größere berufliche Flexibilität am Arbeitsplatz und auf dem Arbeitsmarkt
Bessere Aufstiegschancen
Aneignung von Praxiserfahrungen für ein späteres Studium

1 21

1. Pflichten des Ausbildungsbetriebs
   - Ausbildungsmittel stellen
   - Vergütung auszahlen
   - Ausbilder bereitstellen
   - Auszubildenden für den Berufsschulunterricht freistellen
2. Pflichten des Auszubildenden
   - Weisungen der Ausbilder entsprechen
   - Ausbildungsnachweise führen
   - Arbeitsmittel pfleglich behandeln
   - Betriebsordnung einhalten

1 22

1. Verlängerung der Ausbildung
   - um höchstens 1 Jahr bei Nichtbestehen der Prüfung
   - um ein Ausbildungsjahr bei längerer Krankheit
2. Verkürzung der Ausbildung
   - um $^1/_2$ Jahr bei guten Leistungen
   - um 1 Jahr bei Anrechnung des Berufsgrundschuljahrs oder der Berufsfachschule

1 23

Der Ausbildungsberuf gefällt dem Jugendlichen nicht und er möchte in einen anderen Ausbildungsberuf wechseln. In der Probezeit von drei Monaten kann er die Ausbildung ohne Kündigungsfrist abbrechen. Im Gegensatz zum Ausbildungsbetrieb hat er auch später noch die Möglichkeit, mit einer Kündigungsfrist von vier Wochen und der Angabe von Gründen zu kündigen.

2 Betriebswirtschaft

Programmierte (gebundene) Aufgaben

2 01	5	2 15	4	2 29	2
2 02	2	2 16	1	2 30	5
2 03	2	2 17	2	2 31	4
2 04	5	2 18	2	2 32	2
2 05	1	2 19	4	2 33	3
2 06	5	2 20	1	2 34	5
2 07	1	2 21	5	2 35	1
2 08	5	2 22	2	2 36	2
2 09	4	2 23	3	2 37	5
2 10	2	2 24	2	2 38	1
2 11	3	2 25	4	2 39	4
2 12	4	2 26	1	2 40	5
2 13	2	2 27	4	2 41	1
2 14	3	2 28	3	2 42	3

Ungebundene Aufgaben

2 43 1, 2, 6

2 44

1. Verbraucherschutzgesetze – Z. B. die Deklaration des Mindesthaltbarkeitsdatums
2. Kartellgesetz – Preisabsprachen zwischen einzelnen Unternehmen mit dem Ziel, den Wettbewerb auszuschalten, sollen verhindert werden.

2 45

1. Freies Gut – Luft
2. Dienstleistung – Vermögensberatung
3. Gebrauchskonsumgut – Auto
4. Verbrauchskonsumgut – Brot
5. Verbrauchsproduktionsgut – Roheisen

Andere Kombinationen sind möglich.

2 46 Staatliche Monopole dürfen ihre Marktbeherrschung nicht ausnutzen. Sie dürfen aus wirtschaftlichen Aspekten keinen Nachfrager ausschließen. Das Leistungsangebot staatlicher Monopole muß für jeden zu einem erschwinglichen Preis nutzbar sein.

2 47 Das Bundeskartellamt mit der Monopolkommission soll bei Firmenzusammenschlüssen den Aspekt einer möglichen Marktbeherrschung überprüfen. Da Monopole den freien Wettbewerb zum Nachteil des Verbrauchers ausschalten, kann das Bundeskartellamt in diesen Fällen den Zusammenschluß verbieten.

2 48

1. Energieversorgung
2. Verkehrslage
3. Arbeitsmarkt
4. Rohstoffversorgung
5. Absatzmarkt

Andere Antworten sind möglich.

2 49

1. Lohn oder Gehalt 2. Dividende 3. Pacht oder Miete

2 50

Die Märkte in der Bundesrepublik Deutschland sind weitgehend abgesättigt. Hohe Wachstumsraten im Umsatz stellen die Ausnahme dar. Eine Gewinnsteigerung läßt sich vielfach nur über die Reduzierung der Kosten durch Rationalisierung erreichen. Dies entspricht dem Minimumprinzip, d. h. mit minimalem Einsatz an Arbeitskräften, Betriebsstoffen und Werkstoffen soll ein vorgegebenes Produktionsergebnis erreicht werden.

2 51

Bruttogehalt	3 400,00 DM
Lohnsteuer (14,9 %)	– 506,60 DM
Kirchensteuer (9 % der Lohnsteuer)	– 45,59 DM
Krankenversicherung (7,0 %)	– 238,00 DM
Pflegeversicherung (0,85 %)	– 28,90 DM
Rentenversicherung (10,15 %)	– 331,50 DM
Arbeitslosenversicherung (3,25 %)	– 110,50 DM
Nettogehalt	2 138,91 DM

2 52

Zeitlohn: Anzahl der gearbeiteten Stunden x Stundenlohn
Prämienlohn: Grundlohn + Erfolgsprämie

2 53

1. Stückzeitakkord
   Lohn bezogen auf Leistungseinheiten mit einer bestimmten Vorgabezeit.
2. Oligopol
   Marktform mit wenigen Anbietern (Angebotsoligopol) oder Nachfrager (Nachfrageoligopol)
3. Nettolohn
   Bruttolohn minus Abzüge
4. Gruppenfertigung
   Teilbereiche oder das gesamte Produkt werden von einem Arbeitsteam zusammengesetzt.

2 54

1. Rechnungswesen
2. Beschaffung (Einkauf)
3. Vertrieb
4. Finanzierung

2 55

Bei der Einzelfertigung muß die Produktion jeweils neu auf die Kundenwünsche abgestimmt werden. Der finanzielle Aufwand für automatisierte kleinschrittige Prozesse lohnt sich deshalb nicht.

2 56

Korea:
Die Lohnkosten und die Grundstückskosten sind niedriger als in Deutschland. Bei Massenwaren sind kurze Lieferfristen nicht zwingend. Der Transport kann deshalb durch Schiffe erfolgen, deren Transportkosten gering sind im Vergleich zu anderen Beförderungsmitteln.

2 57

1. Bei der Massenfertigung werden die Verbrauchsgüter **mengenmäßig** und **zeitlich** unbegrenzt für den Markt produziert.
2. Die Organisationsform, bei der Arbeitsplätze durch Zwischenlager voneinander getrennt sind, heißt **Reihenfertigung.**
3. Bei der **Kuppelfertigung** entstehen aus einem Einsatzprodukt im Folgeprozeß unterschiedliche Endprodukte.

2 58

Arbeitsproduktivität = Gefertigte Güter / Arbeiter, bezogen auf eine Zeiteinheit

2 59

1. Rationalisierung
2. Automation

2 60

1. Bilanz

Aktiva (Vermögen)	in Mio. DM	Passiva (Kapital)	in Mio. DM
Anlagevermögen	12,804	Eigenkapital	6,715
Umlaufvermögen	11,320	Rückstellungen	10,950
		Verbindlichkeiten	6,459
Summe	24,124	Summe	24,124

2. Gewinn = Erlöse – Gesamtaufwendungen = 10,124 Mio. DM
Gesamtaufwendungen = 78,867 Mio. DM
Die Unternehmerrendite ist das Verhältnis von Gewinn zu Gesamtaufwendungen.
Für den Unternehmer beträgt die Rendite 12,84 %.

2 61

Firma: Name eines Unternehmens

Unternehmen: Rechtliche Struktur eines Betriebes

Betrieb: Produktionsort oder Produktionsgebäude

2 62

1. Zur Gründung einer Aktiengesellschaft ist ein Grundkapital von **100 000 DM** notwendig.
2. Die Aktionäre auf der **Hauptversammlung** wählen die Hälfte der **Aufsichtsratsmitglieder.**
3. Der **Aufsichtsrat** ernennt den **Vorstand.**

2 63

1. Aktie
2. Börse
3. Dividende
4. Nennwert
5. Kurswert

2 64

1. Das geringere Stammkapital von 50 000 DM gegenüber einer AG
2. Die beschränkte Haftung des Unternehmens
3. Die geringeren Mitbestimmungsmöglichkeiten der Arbeitnehmer
4. Keine öffentliche Darlegung der Unternehmensbilanzen

2 65

Die Anteilseigner finanzieren das Unternehmenskapital.
Das Unternehmen schüttet Dividenden an die Anteilseigner aus.
Das Unternehmen legt Rechenschaft auf der Hauptversammlung ab.
Die Hauptversammlung der Aktionäre wählt einen Teil des Aufsichtsrates.

3 Interessenvereinigungen in der Wirtschaft

Programmierte (gebundene) Aufgaben

3 01	3	3 07	1	3 12	2
3 02	3	3 08	4	3 13	5
3 03	2	3 09	4	3 14	2
3 04	2	3 10	4	3 15	4
3 05	5	3 11	1	3 16	4
3 06	5				

Ungebundene Aufgaben

3 17 19. Jahrhundert: 1, 4, 5 und 20. Jahrhundert: 2, 3, 6, 7

3 18
1. Industrieverbandsprinzip
2. Einheitsgewerkschaft

Zu 1.: Nur eine DGB-Gewerkschaft vertritt einen Industriezweig

Zu 2.: Jeder kann unabhängig von seiner religiösen oder arbeitsrechtlichen Stellung Mitglied einer Gewerkschaft werden.

3 19 Ebenbürtiger Partner bei den Tarifverhandlungen mit den Arbeitgebern
Möglichkeit der Einflußnahme auf die Arbeits- und Sozialpolitik als gesellschaftliche Kraft

3 20 1. DGB 2. DBB 3. DAG 4. CGB 5. DAG

3 21

	DGB	Einzelgewerkschaft
1.		●
2.	●	
3.		●
4.	●	
5.		●

3 22 1. IG Metall

3 23 Streikunterstützung – Im Streikfall erhält das Gewerkschaftsmitglied finanzielle Unterstützung von der Gewerkschaft in Form des Streikgeldes.

Rechtsvertretung – Bei Streitigkeiten mit dem Arbeitgeber kann das Gewerkschaftsmitglied durch Rechtsanwälte der Gewerkschaften vor Gericht kostenlos vertreten werden.

3 24

1. Industrie- und Handelskammer
2. Berufsgenossenschaft

3 25

1. Führung der Ausbildungsrolle
2. Abnahme der Facharbeiterprüfung
3. Überwachung der Ausbildung
4. Ausbildungsberatung

3 26

Die Ausbildung ist gesetzlich geregelt. Die Kammern sind öffentlich-rechtliche Organisationen, bei denen alle Unternehmen Pflichtmitglieder sind. Sie haben als „Behörde" den Auftrag in Vertretung des Staates, die Einhaltung von Gesetzen und Verordnungen bei der Ausbildung in ihren Mitgliedsunternehmen zu überwachen.

- Abnahme der Prüfungen
- Berufsbildungsausschuß

3 27

Erstellung von Betriebsanweisungen – Betriebsrat
Kennzeichnung gefährlicher Stoffe – Gewerbeaufsichtsämter
Unfallverhütungsvorschriften – Berufsgenossenschaft

4 Arbeitsrecht

Programmierte (gebundene) Aufgaben

4 01	2	4 10	1	4 19	3
4 02	1	4 11	4	4 20	3
4 03	3	4 12	2	4 21	5
4 04	5	4 13	3	4 22	4
4 05	4	4 14	5	4 23	4
4 06	5	4 15	3	4 24	3
4 07	2	4 16	1	4 25	1
4 08	3	4 17	4	4 26	4
4 09	1	4 18	5		

Ungebundene Aufgaben

4 27

1. Bewerbungsschreiben
2. Tabellarischer Lebenslauf mit Foto
3. Schulzeugnis und Gesellenbrief
4. Arbeitszeugnis

4 28

1. Lohnsteuerkarte
2. Sozialversicherungsnachweisheft
3. Bankverbindung

4 29

1. Dienstpflicht
2. Gehorsamspflicht
3. Verschwiegenheitspflicht
4. Treuepflicht

4 30

Zum Schutz des Arbeitnehmers, als den schwächeren Partner in den Vertragsverhandlungen, hat der Gesetzgeber Mindestnormen erlassen. Diese Normen sollen den Arbeitnehmer vor der Ausbeutung durch den Arbeitgeber schützen. Zur Erhaltung der Arbeitskraft des Arbeitnehmers hat der Gesetzgeber z. B. einen Mindesturlaub von 24 Kalendertagen im Jahr vorgeschrieben.

4 31

Z. B. Allgemeiner Kündigungsschutz nach sechs Monaten Betriebszugehörigkeit. Der Arbeitgeber darf nur noch aus sozial gerechtfertigten Gründen den Arbeitsplatz kündigen. Gründe können z. B. Auftragsmangel oder unkorrektes Arbeitsverhalten des Arbeitnehmers sein.

4 32

1. Die **ordentliche** Kündigung durch den Arbeitgeber bedarf bei Anwendung des allgemeinen Kündigungsschutz eines **sozial gerechtfertigten** Grunds.
2. Bei jeder Kündigung ist vorher der **Betriebsrat** anzuhören.
3. Glaubt der Arbeitnehmer, daß die Kündigung nicht gerechtfertigt ist, kann er innerhalb von **3 Wochen** vor dem **Arbeitsgericht** klagen.

4 33

§ 2 Die Probezeit darf maximal 6 Monate dauern.

§ 3 Die Kündigungsfriat des Arbeitnehmers beträgt gesetzlich 4 Wochen zum Fünfzehnten oder Monatsende.

§ 4 Die tägliche Arbeitszeit darf ohne Pausen nicht länger als 8 Stunden dauern.

§ 5 Dem Arbeitnehmer steht prinzipiell nach 6 Monaten Betriebszugehörigkeit der volle Urlaub von 24 Tagen zu.

4 34 Es soll zwischen der objektiven und subjektiven Beurteilung der Arbeit unterschieden werden.

Das einfache Zeugnis enthält nur die objektive Auflistung der Tätigkeiten des Arbeitnehmers im Betrieb. Das qualifizierte Zeugnis enthält subjektive Beurteilungen des Verhaltens des Arbeitnehmers im Betrieb.

4 35 2.; 3.; 4.

4 36

1. Längere Ruhepausen – 60 Minuten
2. Längeren Erholungsurlaub – bis zu 30 Tagen
3. Längere Freizeit – zwölf Stunden zwischen den einzelnen Arbeitsschichten
4. Kürzere Wochen- und Tagesarbeiten – 40 Stunden/Woche und acht Stunden/Tag

4 37 Der Jugendliche ist körperlich und geistig moralisch noch in der Entwicklung. Schwere körperliche Arbeit oder sittlich gefährdende Arbeit können seine Entwicklung negativ beeinflussen.

5 Tarifrecht

Programmierte (gebundene) Aufgaben

5 01	3	5 07	1	5 13	1
5 02	2	5 08	5	5 14	5
5 03	1	5 09	3	5 15	1
5 04	3	5 10	2	5 16	3
5 05	1	5 11	4		
5 06	2	5 12	2		

Ungebundene Aufgaben

5 17

1. Ordnungsfunktion
2. Gewinnverteilungsfunktion
3. Friedensfunktion
4. Schutzfunktion
5. Arbeitszeitverteilungsfunktion

5 18

1. Koalitionsfreiheit: Sie garantiert jedem das Recht Vereinigungen zu gründen, z. B. Gewerkschaften
2. Tarifautonomie: Sie garantiert den Sozialpartnern den selbständigen Abschluß der Tarifverträge

5 19

Jeder Arbeitnehmer müßte seinen Lohn, Arbeitsdauer und Urlaubsansprüche selbst aushandeln. Der Arbeitgeber könnte soziale Notlagen einzelner oder regionale Mißverhältnisse auf dem Arbeitsmarkt ausnutzen.

5 20

Kündigung des alten Tarifvertrags, Tarifverhandlungen, Schlichtung, Urabstimmung, Streik, Aussperrung, Urabstimmung, neuer Tarifvertrag.

5 21

Arbeitnehmerseite
- Gewerkschaften

Arbeitgeberseite
- Arbeitgeberverbände
- Einzelne Arbeitgeber

5 22

Die Tarifautonomie besagt, daß die Sozialpartner – Gewerkschaften, Arbeitgeberverbände und einzelne Arbeitgeber – ohne Einfluß von dritter Seite ihre Arbeitsbedingungen selbst aushandeln. Vor allem der Staat soll hier nicht in die Selbstregulierung der Marktwirtschaft eingreifen.

5 23

Die Regeln dienen dem gegenseitigen Schutz und der Vertrauensbildung in einen geordneten Ablauf. Der Arbeitskampf als letztes Mittel hat nicht das Ziel, den Verhandlungspartner zu vernichten, sondern, es soll die Kompromißbereitschaft gefördert werden. Deswegen wird auf den Arbeitskampf das Prinzip der Verhältnismäßigkeit der Mittel angewandt. Streik und Aussperrung haben sich zeitlich in ihrer räumlichen Ausdehnung zu entsprechen.

5 24

Tariflich werden verschiedene Themenbereiche geregelt. Die einzelnen Themenbereiche müssen in unterschiedlichen zeitlichen Abschnitten neu bewertet werden. Die Entgeltentwicklung, im Lohntarif behandelt, unterliegt schnelleren Veränderungen, als die sozialen Arbeitsbedingungen, z. B. Arbeitszeit und Urlaub, die im Rahmentarifvertrag geregelt werden.

5 25

Wird während des Arbeitskampfes sein Betrieb bestreikt und der Arbeitgeber sperrt in einer Abwehrmaßnahme alle Arbeitnehmer aus, so bekommt der gewerkschaftlich organisierte Arbeitnehmer von seiner Gewerkschaft Streikgeld. Der nicht organisierte Arbeitnehmer muß für diese Zeit Sozialhilfe beantragen, die einem geringeren finanziellen Betrag entspricht.

6 Mitbestimmung der Arbeitnehmer

Programmierte (gebundene) Aufgaben

6 01	3	6 11	5	6 21	4
6 02	1	6 12	5	6 22	3
6 03	3	6 13	4	6 23	4
6 04	3	6 14	3	6 24	3
6 05	2	6 15	1	6 25	5
6 06	5	6 16	3	6 26	5
6 07	2	6 17	4	6 27	3
6 08	1	6 18	2	6 28	1
6 09	1	6 19	4	6 29	2
6 10	4	6 20	3		

Ungebundene Aufgaben

6 30 Arbeitgebervertreter und leitende Angestellte, die unternehmerische Aufgaben wahrnehmen.

6 31
1. Die Personen C, D und E.
2. Die Personen C und E.
3. Die Personen B und C.

6 32 Wer wählen darf, kann prinzipiell auch gewählt werden. Da leitende Angestellte sich in ihrem Einzelarbeitsvertrag verpflichten müssen, Arbeitgeberinteressen zu vertreten, ist ein Interessenkonflikt mit den Aufgaben des Betriebsrates vorprogrammiert. Aus diesem Grund wurden die Sprecherausschüsse für die leitenden Angestellten eingeführt.

6 33 Der Streik ist eine Arbeitskampfmaßnahme, die von allen Arbeitnehmern eines betroffenen Industriezweiges beschlossen wird. Vertretungsorgan der betroffenen Arbeitnehmer ist die Gewerkschaft. Der Betriebsrat vertritt nur die innerbetrieblichen Interessen der Arbeitnehmer eines Betriebes. Deswegen darf er nicht zum Streik (betriebliche Friedenspflicht) aufrufen.

6 34 Kündigungsschutz – Der Betriebsrat muß keine Befürchtungen haben, daß er durch die Vertretung von Arbeitnehmerinteressen den eigenen Arbeitsplatz gefährdet.

Kostenübernahme – Alle in Zusammenhang mit der Betriebsratsarbeit entstehenden Kosten werden vom Arbeitgeber übernommen. Die finanzielle Absicherung der Interessenvertretung ist damit gewährleistet.

6 35 Sie können die Beschlüsse des Betriebsrats für eine Woche außer Kraft setzen.

6 36
1. Der Betriebsrat: Er stellt seinen Tätigkeitsbericht vor.
2. Der Arbeitgeber: Er berichtet über die soziale, personelle und wirtschaftliche Entwicklung des Unternehmens.

6 37 Die Vertrauensleute haben die Aufgabe, Vermittler zwischen den Interessen der Gewerkschaftsmitglieder im Betrieb, dem Betriebsrat und den Gewerkschaften zu sein. Sie tragen gewerkschaftliche Positionen in den Betrieb hinein, schulen die Gewerkschaftsmitglieder und leiten Forderungen aus der Arbeitnehmerschaft an die Gewerkschaft weiter.

6 38 Die **ordentliche** Kündigung eines Betriebsratsmitglieds ist grundsätzlich unzulässig. Der Schutz gilt bis **zu einem Jahr** nach der Amtszeit. Die **außerordentliche Kündigung** ist zulässig, bedarf aber der Zustimmung durch den **Betriebsrat.**

6 39 Arbeitgeber- und Arbeitnehmervertreter zu gleichen Teilen und ein neutraler Vorsitzender.

Die Schiedsstelle soll zwischen dem Betriebsrat und dem Arbeitgeber vermitteln.

6 40 Über einen Sozialplan kann der Betriebsrat versuchen, die Nachteile für die Arbeitnehmer so gering wie möglich zu halten. Dies kann über Abfindungen, bezahlte Umschulungen oder Versetzungen in andere Betriebe geschehen.

6 41 Der Betriebsrat kann bei der Festsetzung von Akkord- oder Prämiensätzen, bei der Leistungsbewertung der Arbeit (Lohngruppe) und der Festlegung, ob Zeit- oder Akkordlohn angewandt wird, mitbestimmen.

6 42

1. Ein Betriebsrat muß existieren.
2. Im Betrieb muß es mindestens 5 jugendliche Arbeitnehmer oder Auszubildende bis zum Alter von 25 Jahren geben.

6 43 In einem Betrieb darf es nur eine Interessenvertretung der Arbeitnehmer, als Verhandlungspartner für den Arbeitgeber, geben. Auszubildende besitzen keinen regulären Arbeitsvertrag, sondern nur einen zeitlich begrenzten Ausbildungsvertrag. Damit gelten sie nicht als Arbeitnehmer vor dem Gesetz. Jugendlichen Arbeitnehmern wird noch nicht das volle Wahlrecht zugestanden. Die JAV dient deswegen zum Kennenlernen und Einüben betrieblicher Interessenvertretung in diesen beiden Gruppen.

6 44 1, 3, 5

6 45

1. Bei Stimmengleichheit hat der Aufsichtsratsvorsitzende (Arbeitgebervertreter) eine zusätzliche Stimme.
2. Der leitende Angestellte bei den Arbeitnehmervertretern ist vertraglich stärker an den Arbeitgeber gebunden.

6 46 In der Montanindustrie ist eine paritätische Mitbestimmung verwirklicht. Im Aufsichtsrat sind Kapitalvertreter und Arbeitnehmervertreter zu gleichen Teilen mit gleichem Stimmrecht vertreten. Zusätzlich wird noch eine neutrale Person in den Aufsichtsrat berufen, die bei Pattsituationen das Zünglein an der Waage ist.

7 Gesetzliche Sozialversicherungen

Programmierte (gebundene) Aufgaben

7 01	3	7 09	4	7 17	2
7 02	2	7 10	3	7 18	2
7 03	5	7 11	5	7 19	1
7 04	2	7 12	2	7 20	4
7 05	4	7 13	3	7 21	4
7 06	3	7 14	3	7 22	3
7 07	5	7 15	3	7 23	5
7 08	2	7 16	5		

Ungebundene Aufgaben

7 24
1. Anhebung des Beitragssatzes
2. Erhöhung der Einkommensbemessungsgrenze

7 25 Das Verhältnis von Beitragszahlungen und Leistungen gerät immer mehr aus dem Gleichgewicht. Die Kassen sind gezwungen zu sparen. Gründe hierfür sind z. B. gestiegene Kosten durch das Einsetzen neuer Untersuchungs- und Heilmethoden. Diese Verfahren sind in der Regel effektiver aber auch teurer. Ein weiterer Grund ist die Ausnutzung des Systems durch das „Blaumachen".

7 26 Nur durch das sozialethische Prinzip „einer für alle, alle für einen" lassen sich soziale Notfälle vermeiden. Das Risiko des einzelnen, z. B. im Krankheitsfall hohe Kosten selbst tragen zu müssen, entfällt und damit die Gefahr, ein sozialer Notfall zu werden, der vom Staat finanziell unterstützt werden muß.

7 27 Der Anteil der älteren Leute in der Gesellschaft hat aufgrund der höheren Lebenserwartung durch veränderte Arbeitsbedingungen und bessere medizinische Versorgung zugenommen. Diese Gesellschaftsgruppe bedarf häufig professioneller Unterstützung im tagtäglichen Leben, da sie überwiegend nicht mehr wie früher in der Familie betreut wird. Diese Kosten können nur durch eine entsprechende Pflegeversicherung aufgefangen werden.

7 28 1, 3, 6

7 29 Das Selbstverwaltungsprinzip beschreibt die Beteiligung der Versicherten in den Entscheidungsgremien der Kassen. Hierdurch soll die Verwaltung lebensnah, ausgerichtet an den sozialen Bedürfnissen der Versicherten gestaltet werden. D. h., die Versicherten bestimmen das Verhältnis von Beitragszahlung und Leistungen in eigener Verantwortung.

7 30 Über die Aufklärung und Vorsorgeuntersuchungen sollen Krankheiten so frühzeitig entdeckt werden, daß der medizinische Kostenaufwand in einem Krankheitsfall gering gehalten werden kann. Z. B. kann durch den regelmäßigen Besuch beim Zahnarzt der frühzeitige Zahnersatz hinausgeschoben oder gar verhindert werden.

7 31 Die jüngeren Generationen versorgen jeweils die ältere Generation im Rentenalter durch ihre Beitragszahlungen zur Rentenversicherung.

7 32 Die Beitragszahlungen der im Arbeitsleben stehenden Versicherten werden dazu verwendet, um die Renten der aus dem Arbeitsleben geschiedenen Versicherten zu bezahlen. Höhere Lebenserwartungen, der gestiegene Anteil der Rentner an der Bevölkerung und die hohe Arbeitslosigkeit gefährden das Versicherungsprinzip.

7 33 Ein Anrecht auf Arbeitslosengeld haben die Arbeitslosen, die in den vergangenen **3** Jahren mindestens **360** Kalendertage versicherungspflichtig beschäftigt waren.

Das **Schlechtwettergeld** wird für witterungsbedingten Arbeitsausfall in der Winterzeit gezahlt.

Beide Leistungen des Arbeitsamts betragen zwischen **63** % und **68** % des **Netto**verdienstausfalls.

7 34

1. Berufsberatung
2. Arbeitsvermittlung
3. Fortbildungsmaßnahmen
4. Berufliche Rehabilitation
5. Kurzarbeitergeld

7 35 Der Arbeitnehmer hat zum einen Anspruch auf entsprechende Bemühungen bei der Arbeitsvermittlung. Zum anderen hat er Anspruch auf Arbeitslosengeld, das zwischen 63 % und 68 % des letzten regelmäßigen Arbeitsentgeltes ausmacht.

7 36 Die Arbeitslosenhilfe wird nicht aus den Beiträgen der Arbeitnehmer zur Arbeitslosenversicherung finanziert. Sie ist eine Leistung, die der Staat und damit die Gesellschaft garantiert.

8 Arbeits- und Sozialgerichtsbarkeit

Programmierte (gebundene) Aufgaben

8 01	1	8 05	5	8 09	1
8 02	5	8 06	4	8 10	2
8 03	2	8 07	3		
8 04	5	8 08	5		

Ungebundene Aufgaben

8 11
1. Ordentliche Gerichtsbarkeit
2. Arbeitsgerichtsbarkeit
3. Verwaltungsgerichtsbarkeit
4. Sozialgerichtsbarkeit
5. Sozialgerichtsbarkeit

8 12 Bei dieser Zusammensetzung des Gerichtes wird ein Urteil immer mit Mehrheitsbeschluß gefaßt.

8 13
1. Dem Staat
2. Mindestens 20 DM bei einem Streitwert bis zu 300 DM und höchstens 1 000 DM bei einem Streitwert von über 24 000 DM.

8 14 Durch die Beisitzer soll die Rechtsprechung die Interessen der gesellschaftlichen Gruppen mit berücksichtigen, die einerseits über ihre Beitragszahlungen die Versicherungen finanzieren und andererseits als Sozialpartner das Arbeitsleben mitgestalten. Beisitzer sind Arbeitnehmer- und Arbeitgebervertreter.

8 15 Die Arbeitsgerichte müssen die Widersprüche gegen die Rationalisierungsmaßnahmen, z. B. Kündigungen, bearbeiten. Über mündliche Vorverhandlungen kann der vorsitzende Richter versuchen, eine gütliche Einigung der streitenden Parteien zu erzielen.

Hinweise zur neuen Struktur der schriftlichen Prüfung

im Prüfungsfach
Wirtschafts- und Sozialkunde

in den
neugeordneten Ausbildungsberufen

1. Rechtliche Grundlagen

In den Verordnungen über die Berufsausbildung in den neugeordneten gewerblich/technischen Ausbildungsberufen sind auch die Rahmenbedingungen für die schriftliche Prüfung geregelt. Danach besteht dieser Teil der Abschlußprüfung aus vier Prüfungsfächern: drei berufsbezogene und das berufsübergreifende Prüfungsfach „Wirtschafts- und Sozialkunde".

Vorgegeben ist auch die Höchstzeit für die Prüfung in der Wirtschafts- und Sozialkunde mit 60 min. Diese Höchstzeit kann jedoch unterschritten werden, soweit die schriftliche Prüfung in programmierter Form durchgeführt wird.

In den Verordnungen ist weiterhin die Gewichtung des Prüfungsfachs Wirtschafts- und Sozialkunde vorgeschrieben. Danach gehen die in diesem Prüfungsfach erbrachten Leistungen mit 20 % in das Ergebnis der schriftlichen Prüfung ein.

2. Inhaltliche Gestaltung des Prüfungsfachs

Nach den Verordnungen sollen in der Wirtschafts- und Sozialkunde „allgemeine wirtschaftliche und gesellschaftliche Zusammenhänge der Berufs- und Arbeitswelt" geprüft werden. In den Ausbildungsrahmenplänen sind die im Ausbildungsbetrieb zu vermittelnden Kenntnisse etwas näher beschrieben.

Das Berufsbildungsgesetz verlangt im § 35 außerdem, daß in der Abschlußprüfung festzustellen ist, ob der Prüfling mit dem ihm in der Berufsschule vermittelten, für die Berufsausbildung wesentlichen Lehrstoff vertraut ist. Welche Inhalte dieser im § 35 BBiG angesprochene Lehrstoff umfaßt, das ergibt sich aus den „Elementen für den Unterricht der Berufsschule im Bereich Wirtschafts- und Sozialkunde gewerblich/technischer Ausbildungsberufe", die am 18.05.1984 von der Kultusministerkonferenz (KMK) beschlossen wurden.

Die Forderungen des Berufsbildungsgesetzes und der Verordnungen sowie der Beschluß der KMK wurden von der PAL im „Katalog der Inhalte der schriftlichen Prüfung" (Bild 1) umgesetzt. Dieser Katalog enthält die Prüfungsgebiete und Prüfungsinhalte, die im Prüfungsfach Wirtschafts- und Sozialkunde vorkommen können. Der Prüfungsstoff bezieht sich also in besonderem Maße auf den jungen Menschen in der Berufs- und Außenwelt. Von besonderer Bedeutung sind dabei die Aspekte, die sich auf die Abhängigkeiten, Sicherheiten und Gestaltungsmöglichkeiten des einzelnen und der Gruppe in der Berufs- und Arbeitswelt beziehen.

Abschlußprüfung

Katalog der Inhalte der schriftlichen Prüfung

Wirtschafts- und Sozialkunde

Neugeordnete gewerblich/technische Ausbildungsberufe

01.09.1995

Prüfungsgebiet	Prüfungsteilgebiet	Prüfungsinhalt
Berufsausbildung (2 gebundene Aufgaben, 1 ungebundene Aufgabe)	Rechtliche Grundlagen des Berufsausbildungsverhältnisses (1 gebundene Aufgabe)	Berufsbildungsgesetz
		Berufsbildungsvertrag: Partner, Abschluß, Dauer, Beendigung
		Gegenseitige Rechte und Pflichten aus dem Berufsbildungsvertrag
	Möglichkeiten der Fortbildung und Umschulung (1 gebundene Aufgabe)	Maßnahmen der beruflichen Fortbildung und Umschulung
		Staatliche Fördermaßnahmen (z. B. AFG)
Betrieb (9 gebundene Aufgaben, 1 ungebundene Aufgabe)	Aufbau, Aufgaben und Unternehmensformen eines Betriebs sowie seine Stellung in der Wirtschaft (4 gebundene Aufgaben)	Aufbau eines Industriebetriebs
		Wesentliche Aufgaben eines Betriebs: Beschaffung, Produktion, Absatz
		Stellung des Industriebetriebs in der Wirtschaft
		Wesentliche Ziele erwerbswirtschaftlicher und öffentlicher Betriebe: Gewinnerzielung, Kostendeckung, Marktversorgung
		Betriebliche Kenngrößen: Produktivität, Wirtschaftlichkeit, Rentabilität
	Wesentliche Unternehmensformen und deren wirtschaftliche Bedeutung (2 gebundene Aufgaben)	Einzelunternehmen
		OHG, KG
		AG, GmbH
		Genossenschaften
		Wirtschaftliche Verflechtungen
	Aufgaben von Arbeitgeber- und Arbeitnehmerorganisationen (3 gebundene Aufgaben)	Arbeitnehmerorganisationen
		Arbeitgeberorganisationen
Arbeits- und Tarifrecht, Arbeitsschutz (8 gebundene Aufgaben, 1 ungebundene Aufgabe)	Wesentliche Bereiche des Arbeitsvertrags, des Arbeitsrechts und des Arbeitsschutzes (4 gebundene Aufgaben)	Lohn und Gehalt
		Arbeitszeit und Arbeitszeitordnungen
		Gewerbeaufsicht/technischer Arbeitsschutz
		Kündigung und Kündigungsschutz
		Jugendarbeitsschutz
		Frauenarbeitsschutz/Mutterschutz
		Schwerbehindertenschutz
		Urlaub
	Bedeutung und Aufgabe von Tarifverträgen und des Tarifrechts (4 gebundene Aufgaben)	Tarifautonomie
		Tarifvertragspartei
		Tarifverträge
		Laufzeit, Friedenspflicht
		Verbindlichkeit von Tarifverträgen
		Streik, Aussperrung, Schlichtung
Betriebliche Mitbestimmung (5 gebundene Aufgaben, 1 ungebundene Aufgabe)	Mitwirkungs- und Mitbestimmungsmöglichkeiten des Arbeitnehmers im Betrieb (5 gebundene Aufgaben)	Betriebsverfassungs-, Mitbestimmungsgesetz
		Betriebsrat
		Jugend- und Auszubildendenvertretung
Sozialversicherung (5 gebundene Aufgaben, 2 ungebundene Aufgaben)	Regelungen und Bedeutung der gesetzlichen Sozialversicherungen (1 gebundene Aufgabe)	Versicherungsarten
		Geschichtliche Entwicklung
		Versicherungsprinzipien
	Versicherungsträger, -pflicht, Beitragszahlung, Leistungen (4 gebundene Aufgaben)	Krankenversicherung
		Unfallversicherung
		Rentenversicherung
		Arbeitslosenversicherung
Arbeits- und Sozialgerichtsbarkeit (1 gebundene Aufgabe)	Wichtige Regelungen, Zuständigkeitsbereiche, Aufgaben, Instanzenweg (1 gebundene Aufgabe)	Arbeitsgericht
		Sozialgericht

Bild 1: Katalog der Inhalte der schriftlichen Prüfung, der auch die Verteilung der 30 Aufgaben auf die Prüfungsgebiete enthält.

3 Prüfungstechnische Gestaltung des Prüfungsfachs

3.1 Struktur des Aufgabensatzes

Wirtschafts- und Sozialkunde
Neugeordnete Berufe
(Vorgabezeit: 45 min)

30 gebundene Aufgaben (5 zur Abwahl) Typ: 1 aus 5 Gewicht: 70 % Richtzeit: ca. 30 min	6 ungebundene Aufgaben (2 zur Abwahl) Gewicht: 30 % Richtzeit: ca. 15 min

Bild 2: Struktur des Aufgabensatzes

Erstmals zur Winterprüfung 1995/96 werden die Kenntnisse der Wirtschafts- und Sozialkunde sowohl mit gebundenen als auch mit ungebundenen Aufgaben geprüft. Bild 2 zeigt die neue Struktur des Aufgabensatzes.

3.2 Anzahl der Prüfungsaufgaben

Der Aufgabensatz enthält ab der Winterprüfung 1995/96 nur noch 30 gebundene Aufgaben des Typs 1 aus 5, bei denen zur Aufgabenstellung (Aufgabenstamm) fünf Auswahlantworten gehören, von denen eine als Lösung zutreffend ist, Bild 3. Die Aufgaben des Typs 2 aus 5, bei denen zwei Auswahlantworten zutreffend sind, werden also nicht mehr eingesetzt. Von den 30 gebundenen Aufgaben muß der Prüfungsteilnehmer jedoch nur 25 bearbeiten; er kann also fünf Aufgaben abwählen, was im folgenden noch erläutert wird.

27

Ein Unternehmer führt den Beitrag zur gesetzlichen Unfallversicherung nicht ab. Welche Aussage über den Versicherungsschutz der Arbeitnehmer ist richtig?

① Die Abeitnehmer sind trotzdem unfallversichert.
② Die Arbeitnehmer verlieren drei Wochen nach dem Termin der Beitragszahlung den Versicherungsschutz.
③ Die Arbeitnehmer erhalten im Versicherungsfall nur Leistungen in halber Höhe.
④ Die Arbeitnehmer sind weiter unfallversichert, wenn sie länger als 6 Jahre im Unternehmen tätig sind.
⑥ Die Arbeitnehmer sind weiterversichert, wenn sie innerhalb von drei Wochen den Beitrag selbst aufbringen.

Bild 3: gebundene Aufgabe des Typs 1 aus 5

Zusätzlich enthält der Aufgabensatz „Wirtschafts- und Sozialkunde" sechs ungebundene Aufgaben, von denen der Prüfungsteilnehmer vier bearbeiten muß, Bild 4. Auch bei den ungebundenen Aufgaben gibt es also die Möglichkeit der Aufgabenabwahl.

U 6

Das Solidaritätsprinzip stellt einen Grundpfeiler unserer sozialen Sicherung dar. Erläutern Sie den Begriff „Solidaritätsprinzip"!

Bild 4: Beispiel für eine ungebundene Aufgabe

3.3 Vorgabezeit, Richtzeiten und Gewichtung

Für das Prüfungsfach Wirtschafts- und Sozialkunde ist in den Verordnungen eine Höchstzeit von 60 Minuten angegeben. Diese Zeit wird der PAL-Fachausschuß „Wirtschafts- und Sozialkunde" nicht ausschöpfen, sondern die 30 gebundenen und die sechs ungebundenen Aufgaben so zusammenstellen, daß sie in 45 Minuten gelöst werden können. Nach der Vorgabezeit von 45 Minuten muß der Prüfungsteilnehmer also die Bearbeitung der Aufgaben beenden.

Für die gebundenen Aufgaben setzt der Fachausschuß „Wirtschafts- und Sozialkunde" eine Richtzeit von 30 Minuten an. Diese Aufgaben sind also so zusammengestellt, daß ein Prüfungsteilnehmer sie im Normalfall in 30 Minuten lösen kann. In die Gesamtbewertung gehen diese Aufgaben mit einem Gewicht von 70 % ein.

Die ungebundenen Aufgaben werden vom Fachausschuß so zusammengestellt, daß sie vom Prüfungsteilnehmer im Normalfall in 15 Minuten gelöst werden können. Sie gehen in die Gesamtbewertung des Faches „Wirtschafts- und Sozialkunde" mit einem Gewicht von 30 % ein.

4 Bearbeitung der Aufgaben

Der Prüfungsteilnehmer erhält den blauen Aufgabensatz (Aufgabenheft) und den mit blauer Farbe unterlegten Markierungsbogen. Das Aufgabenheft enthält die 30 gebundenen und die 6 ungebundenen Aufgaben. Die Reihenfolge der Bearbeitung der Aufgaben ist dem Prüfungsteilnehmer freigestellt. Er kann also zuerst die gebundenen oder die ungebundenen Aufgaben bearbeiten.

Der Prüfungsteilnehmer sollte die Hinweise zu den gebundenen Aufgaben auf Seite 2 und die Hinweise zu den ungebundenen Aufgaben auf Seite 8 des Aufgabenheftes genau durchlesen. Vor Beginn der Bearbeitung der gebundenen Aufgaben muß der Prüfungsteilnehmer in den Kopf des Markierungsbogens die ihm mit der Einladung zur Prüfung mitgeteilte Prüfnummer, seinen Namen und den Ausbildungsberuf eintragen. Sind im Markierungsbogen die Daten des Prüfungsteilnehmers schon eingedruckt, dann muß er die Richtigkeit der Daten überprüfen. Vor Beginn der Bearbeitung der ungebundenen Aufgaben muß der Prüfungsteilnehmer in den Kopf des Aufgabenblattes wieder die ihm mit der Einladung zur Prüfung mitgeteilte Prüfnummer, seinen Namen und Ausbildungsberuf eintragen.

Danach muß der Prüfungsteilnehmer die Aufgaben sorgfältig durchlesen. Am sinnvollsten ist es, wenn er die Aufgaben in der vorgegebenen Reihenfolge durchliest. Von den gebundenen Aufgaben, die er lösen möchte, kreuzt er die seiner Meinung nach richtigen Auswahlantworten gleich auf dem Markierungsbogen an. Bei den ungebundenen Aufgaben schreibt der Prüfungsteilnehmer seine Lösung in das neben der Aufgabe stehende Bearbeitungsfeld. Sind am Ende weniger als 25 gebundene bzw. weniger als 4 ungebundene Aufgaben bearbeitet, dann wählt der Prüfungsteilnehmer aus den vorher noch nicht bearbeiteten Aufgaben die noch fehlenden aus und löst diese. Zum Ankreuzen auf dem Markierungsbogen sollte ein Kugelschreiber verwendet werden.